Kindergeburtstage

Gisela und Gerhard Zimmermann

KINDER-GEBURTSTAGE

FALKEN
Taschenbuch

Im FALKEN Verlag sind weitere interessante Bücher für Kinder erschienen. Bitte fragen Sie in Ihrer Buchhandlung

Sie finden uns im Internet: **www.falken.de**

In Erinnerung an unseren Sohn Christian, der sich so herzlich freuen konnte. Unseren Kindern Annette, Cornelia und Renate Katrin sowie unserem Patenkind Esther Blaurock.

Dieses Buch wurde auf chlorfrei gebleichtem und säurefreiem Papier gedruckt.

Originalausgabe
ISBN 3 635 60013 X

Umschlaggestaltung: Zembsch' Werkstatt, München
Herstellung: Michael Greiss
Zeichnungen: Peter Nieländer, Lüdinghausen
Satz: Raasch & Partner GmbH, Neu-Isenburg
Druck: Freiburger Grafische Betriebe, Freiburg

817 2635 44

Inhalt

Was machen wir nur, wenn Micha Geburtstag hat?

Kinder stehen gerne im Mittelpunkt. Der Geburtstag ist ein guter Anlaß, diesem Bedürfnis einmal nachzugehen. Es ist von bleibendem Wert, Kindern in jedem Lebensalter schöne, persönlich gestaltete Feste zu ermöglichen. Dazu gehört es auch, sich Freunde auszuwählen und einzuladen.

Wie aber läßt sich die Planung eines Kindergeburtstages bewältigen, wenn die Mutter berufstätig oder der Vater häufig unterwegs ist?

Allen, die zu ihren eigenen Ideen noch andere hinzunehmen wollen, vor allem aber denjenigen, denen es an Ideen fehlt, die wenig Zeit haben und dennoch einen unvergeßlichen Geburtstag gestalten möchten, ist dieses Buch gewidmet.

Die Geburtstagsvorschläge sind thematisch aufgebaut, weil Kinder zwischen vier und zwölf Jahren völlig verschiedene Interessen haben: Die Kleinen freuen sich, wenn ihre Puppen und Lieblingstiere geehrt werden, die Größeren identifizieren sich mit Indianern, Cowboys, Detektiven und Erfindern. Für Reisen und sportliche Spiele sind die meisten Jungen und Mädchen zu haben.

Wenn auch bei den einzelnen Vorschlägen jeweils an eine bestimmte Altersgruppe gedacht wurde, lassen sich dennoch durch Abwandlung des Schwierigkeitsgrades viele Anregungen austauschen. Selbstverständlich sind diese Vorschläge, auch über Kindergeburtstage hinaus, für viele andere Anlässe, in Jugendgruppen, Schulklassen oder bei Straßenfesten verwendbar.

Das größte Geschenk mit der stärksten Wirkung und dem höchsten Erinnerungswert ist aber sicherlich, wenn Eltern die Geburtstagsfeier mit ihrem Kind zusammen planen und gestalten.

Viele Ideen haben wir selbst anderen zu verdanken; gerne erwähnen wir Frau Karin Giel und Frau Erika Sidon, die sich sehr anregend beteiligt haben.

Wir wünschen allen, die einen Kindergeburtstag zu gestalten haben, bei den Vorbereitungen und Durchführung so viel Freude, wie wir sie mit unseren eigenen Kindern erlebt haben.

Viel Vergnügen!

Gisela und Gerhard Zimmermann

Bausteine, die zum Gelingen beitragen

Rechtzeitig planen
Schon bei der Vorbereitung auf das Geburtstagsfest können Eltern und Kinder viel Spaß haben, wenn Ideen gesammelt, Tischschmuck gebastelt, Spiele ausgedacht und Dekorationen für Zimmer und Garten zusammengestellt werden. Das sollten Sie aber nicht bis zur letzten Minute aufschieben, denn die Vorfreude auf die Kinderparty soll ja schließlich nicht zu kurz kommen.

Gemeinsam vorbereiten
Natürlich wird die Hauptarbeit der Geburtstagsvorbereitung bei den Eltern liegen; aber gerade hier gilt: „Geteilte Arbeit ist halbe Arbeit, und geteilte Freude ist doppelte Freude!“
Nicht nur das Geburtstagskind, sondern auch alle anderen Familienangehörigen sollten sich nach Kräften an den Vorbereitungen des Festes beteiligen und so den Kindergeburtstag zu einem Höhepunkt in der Familie werden lassen.

Zusammen spielen
In der Kleinfamilie ergeben sich immer weniger Anlässe, gemeinsam mit Eltern, Geschwistern und Freunden in großer Runde zu spielen. Die Spielvorschläge berücksichtigen deshalb besonders den Wunsch der Kinder, einmal etwas im größeren Kreis zu unternehmen. Dabei kommen vor allem altersgemäße Wettspiele und gemeinsame Aufgaben vor. Es sollte aber bei all diesen Spielen weniger auf den persönlichen Ehrgeiz und den Sieg als vielmehr auf das Gruppenerlebnis und auf die gemeinsame Freude ankommen.

Beweglich sein
Die Feiervorschläge in diesem Buch sind so angelegt, daß sie zum großen Teil sowohl in der Wohnung als auch im Freien durchgeführt werden können. Welche Lösung vorzuziehen ist, hängt von der jeweiligen Wohnsituation, der Jahreszeit und dem Wetter ab.
Hier heißt es, sich anzupassen: Lieber sollte einmal auf eine Kaffeetafel verzichtet werden, damit der vorhandene Raum zum Spielen zur Verfügung steht. Besonders lebhafte Spiele sollten besser im Freien stattfinden, um die Mitbewohner des Hauses nicht zu stören.

Kleine Geschenke

Es hat sich eingebürgert, bei Geburtstagen für Spiele und Wettbewerbe Preise und Belohnungen zu verteilen. Für jedes Kind wird ein Tütchen vorbereitet. Es wird mit dem Namen beschriftet. Während der Geburtstagsfeier können alle Gewinne, Preise und Süßigkeiten schnell verstaut werden. Bei den Preisen sollten nur Kleinigkeiten genommen werden, die wenig oder nichts kosten, vielleicht schon während des Jahres gesammelt wurden. So wird die Frage, welche Preise genommen werden können, kein Problem.

Das leibliche Wohl

Das Essen darf keine Hauptrolle spielen. Dennoch gilt die Regel: Spielen macht hungrig. Die Lieblingsspeise des Geburtstagskindes wird nach Möglichkeit berücksichtigt. Ein besonders zubereitetes Essen wird auch schon von kleineren Kindern anerkannt. Das Buch beschränkt sich auf Speisevorschläge, die – wenn es sich ergibt – auch zum jeweiligen Thema passen. Die Rezepte sind entweder geläufig oder können in den meisten Kochbüchern nachgelesen werden. Für viele Geburtstagskinder und ihre Gäste wird es reizvoll sein, einmal gemeinsam die Speisefolge kreativ zu gestalten.

Alternativen

Unser Buch beschränkt sich auf einen Vorschlag für die verschiedenen Altersgruppen. Natürlich können je nach Bedarf einzelne Spiele und Gestaltungshilfen ausgetauscht werden. Es gibt viele andere Ideen. Wenn Platz und Zeit für einen häuslichen Kindergeburtstag nicht ausreichen, sollte kurzerhand ein interessantes Ziel außerhalb der Wohnung angesteuert werden. Das Schwimmbad lädt zum Badefest ein, im Zoo werden die Tiere beobachtet, ein Minigolfmatch lockt zum Wettkampf und eine Kegelpartie kann bei guter Anleitung alle begeistern.
Für uns bleibt dabei das kreative Gemeinschaftserlebnis eine unbedingte Herausforderung. Deshalb finden wir einen gemeinsamen Kinobesuch nicht empfehlenswert.

Wegweiser durch das Buch

Um die Planung und Durchführung der Geburtstage zu erleichtern, haben wir die einzelnen Kapitel immer nach dem gleichen Schema aufgebaut:

Einladung

Neben diesem Zeichen finden Sie unter dem Stichwort „Einladung“ Ideen und Bastelvorschläge für originelle Einladungskarten.

Planung

Unter dieser Überschrift sind alle Dinge zusammengefaßt, die Sie bei der Planung des Geburtstages berücksichtigen müssen. Hier ist zusammengestellt, was vorher besorgt, organisiert oder gebastelt werden muß. Es gibt aber auch Hinweise darauf, wie Bastel- und Spielphasen am günstigsten verteilt werden können.

Dekoration

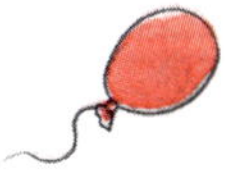

Ist für die Geburtstagsfeier eine besondere Dekoration vorgesehen, finden Sie Ideen und Anregungen unter diesem Zeichen.

Spielvorschläge

In diesem Abschnitt finden Sie alle Spiel- und Bastelvorschläge, die während der Feier vorgesehen sind. Selbstverständlich lassen sich viele der unter dem einen Thema vorgeschlagenen Spiele auch für jeden anderen Geburtstag verwenden. Welche Spiele Sie unter welchem Motto zusammenstellen, bleibt also ganz Ihnen überlassen.

Speisevorschläge

Hier werden jeweils Speisevorschläge für die Kaffeetafel und das Abendbrot vorgestellt.

Geschenktips

Unter dieser Überschrift finden Sie einige Tips für themenbezogene Geschenke. Es handelt sich um Anregungen, die jederzeit ergänzt oder beschränkt werden können.

Spielstücke Geschichten

Falls im Rahmen der Geburtstagsfeier eine Geschichte vorgelesen oder ein Theaterstück aufgeführt werden soll, finden Sie den Text dazu unter diesem Stichwort.

Kasper kommt zum Puppenfest

Für Kinder im Alter von vier bis sechs Jahren spielt die Lieblingspuppe, der Teddybär oder ein anderes Spieltier eine große Rolle. Genauso wie sie es bei den Erwachsenen gesehen haben, umsorgen, „erziehen“ und lieben sie ihre Puppen, und sie nehmen sie, wenn möglich, überall hin mit. Es liegt deshalb nahe, die Puppen oder die Lieblingstiere der Kinder zur Geburtstagsfeier mit einzuladen.

■ Einladung

Als Einladungen zum Puppenfest eignen sich kleine Puppenhäuser, die voller Geheimnisse stecken.
Auf farbigen Karton (z.B. aus ausgedienten Aktendeckeln) werden zunächst die Umrisse der Puppenhäuser aufgezeichnet und danach ausgeschnitten.
Jedes Haus bekommt vier Fenster und eine Tür, die wie bei

Das Puppenhaus aus Karton zuschneiden. Die punktierten Linien einritzen, damit die Fenster und die Tür geöffnet werden können.
Auf dem weißen (oder farbigen) Papier, das auf die Rückseite des Puppenhauses geklebt wurde, steht der Einladungstext.

einem Adventskalender zu öffnen sind. Dazu ritzen Sie mit einer Rasierklinge oder einem Papiermesser die entsprechenden (in der Abbildung punktiert gezeichneten) Linien ein.
Hinter jedes Puppenhaus wird ein Stück Papier geklebt, das vorher entsprechend zugeschnitten wurde. Nun kann man in die Fenster- und Türöffnungen den Einladungstext schreiben. Beim Basteln der Einladungskarten kann das Geburtstagskind natürlich mithelfen.

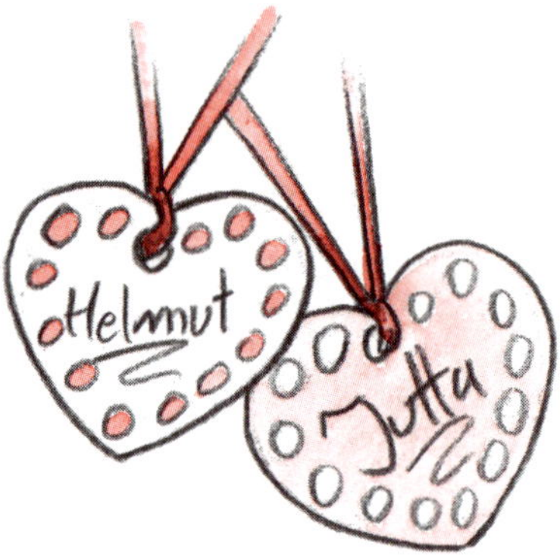

Pappherzen mit den Namen der Lieblingspuppen oder -tiere der Geburtstagsgäste.

Planung

Wenn alle Geburtstagsgäste eingetroffen sind, stellen die Puppenmütter und -väter den anderen Kindern ihre Lieblinge vor. Dabei bekommt jede Puppe ein Pappherz umgehängt (diese Herzen vor dem Fest zurechtschneiden), auf dem der Name des Puppengastes vermerkt wird.
Danach werden die Puppengäste in eine dafür vorbereitete Ecke gesetzt. Hier hat das Geburtstagskind schon den Tisch für sie gedeckt, der mit Hilfe eines Puppenservices, kleinen Kerzen und Puppenkuchen liebevoll ausgestaltet ist. So können die Puppeneltern ihre Kinder eine Weile sich selbst überlassen, um in Ruhe mit dem Geburtstagskind die Kaffeetafel zu genießen.
Nach dem Kaffee beginnt die Puppenspielrunde. Hauptattraktion ist dabei das Puppenhaus, für das vor dem Fest folgendes besorgt werden muß:

- ein großer, stabiler Karton (z.B. ein Waschmaschinenkarton aus einem Elektrogeschäft),
- Fingerfarben und Filzstifte zum Bemalen des Kartons.

In den Karton werden vorher mit einem Papiermesser Fenster- und Türöffnungen geschnitten. Nach dem Bemalen der Wände kann das Haus bezogen werden.
In einer anderen Ecke des Zimmers hat ein Puppendoktor seine Praxis eröffnet. („Arztköfferchen“ ist vorhanden oder wird besorgt.)
Während dieser Spielphase bereitet die Mutter mit einigen Kindern den Puppenfestpudding für das spätere Abendessen vor. Der Pudding wird z.B. mit Liebesperlen oder Schokoladenplätzchen dekoriert.
Nachdem die Kinder ausreichend Zeit hatten, mit ihren Puppen zu spielen, folgen Gemeischaftsaktivitäten. Den Abschluß und Höhepunkt des Festes bildet der Besuch einer Kasperletheatervorstellung.
Am Schluß des Kapitels finden Sie dafür einen Spielvorschlag. Wenn Sie das Stück aufführen möchten, sollten die folgenden Kasperlepuppen vorhanden sein:

Kasper
Seppl
Gretel
Großmutter.

Das Stück erfordert zwei Mitspieler. Vielleicht gibt es ältere Geschwister, die bereit sind, das Kasperlestück einzustudieren.
Ansonsten läßt sich eine solche Aufführung mit den einfachsten Mitteln vorbereiten: Zwischen einen Türrahmen (oder im Freien zwischen zwei Bäumen) wird eine Schnur gespannt, über die eine Decke gehängt wird. Gerade kleine Kinder können sich so in das Kasperlespiel vertiefen, daß eine komplizierte Kulisse wegfallen kann. (Wer sich eingehend mit Kasperletheater, mit Spieltexten und Spielanleitungen, Basteltips für Theater und Puppen beschäftigen will, findet viele wertvolle Tips in dem Buch Kasperletheater von *Ursula Lietz (FALKEN Verlag)*.

Dekoration

Auf die Tischkarten wird ein ausgeschnittener Kasper geklebt, der schon auf den Festabschluß hinweist.

Bei kleineren Kindern, die noch nicht lesen können, kann die Tischkarte statt mit dem Namen auch mit einem Foto des Kindes gekennzeichnet werden. Diese Fotos kann man sich entweder vorher von den Eltern besorgen oder bei Beginn des Festes mit einer Polaroid-Kamera selbst machen.
Als dekorativer Geburtstagskuchen bietet sich ein mit Schokoladenguß überzogener Gugelhupf an, der mit Gummibärchen geschmückt wird. Natürlich dürfen darauf die Geburtstagskerzen nicht fehlen.
Als Überraschung kann man vor jeden Platz ein kleines Geschenk für die Puppe des Gastes legen: Gummischnuller, Teile eines Puppengeschirrs, Fläschchen oder ähnliches.

Der Kasper wird aus bunter Pappe ausgeschnitten und auf die Tischkarte geklebt.

Spielvorschläge

Puppenmodenschau
Die gemeinsamen Spiele werden mit einer Puppenmodenschau eingeleitet. Dazu wird ein Teppichläufer als Laufsteg ausgelegt. Jedes Kind führt seine Puppe oder sein Spieltier über den Laufsteg. Das Geburtstagskind darf anfangen.
Vater oder Mutter moderieren, wobei es wichtig ist, daß bei all den gezeigten Puppen die Besonderheiten herausgestellt werden. Da es keine Gewinner (oder Verlierer) geben kann, werden die Kinder unbefangen erzählen, was ihnen ihre Puppe so lieb macht.

Puppentanz
Zur Musik wird ein Puppentanz aufgeführt. Alle Kinder nehmen ihre Puppen und fangen an zu tanzen. Vater oder Mutter sagen dann das erste „Solopaar" an. Die anderen Kinder stehen still

und schauen der jeweiligen Solovorführung zu. Wenn alle Puppeneltern mit ihren Kindern etwas vorgeführt haben, tanzen zum Abschluß alle noch einmal gemeinsam.

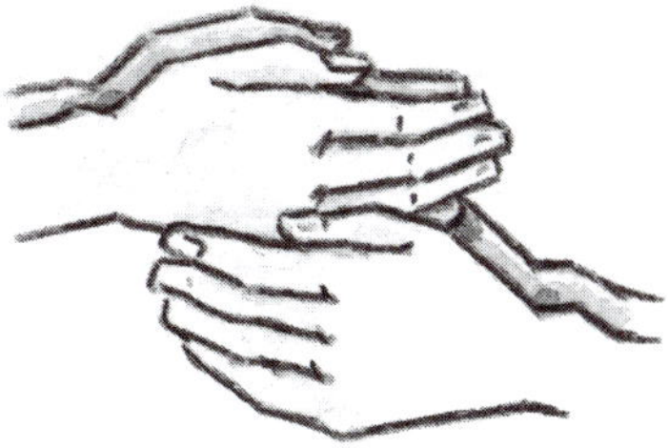

Ein Kind hält die Hände flach aneinander gelegt vor sich. Das andere Kind hält die Hände ebenso, hat aber eine Münze darin versteckt. Es schiebt beide Hände nacheinander in die seiner Mitspieler und gibt dabei heimlich die Münze weiter.

Taler, Taler, du mußt wandern

Alle Kinder – bis auf eines – setzen sich in einen Halbkreis und halten beide Hände flach aneinander gelegt vor sich. Das übriggebliebene Kind erhält nun eine Münze, den Taler, den es im Laufe des Spiels irgendeinem Spieler der Reihe weitergeben muß. Alle Kinder singen nun.

Während alle das Lied singen, geht Kai, der den Taler in seinen Händen hält, von Kind zu Kind und legt seine zusammengelegten Hände in jedes Händepaar. Irgendwann läßt er dabei, möglichst unauffällig, den Taler seinen Besitzer wechseln. Zuletzt bleibt Kai vor Nicole stehen. Sie muß nun raten, wer den Taler hat. Rät sie richtig, darf sie in der nächsten Runde den Taler weitergeben. War ihr Tip falsch, übernimmt der glückliche Talerbesitzer die Spielleitung.

Brüderchen, komm tanz mit mir

Ein Spiel, das Singen und Bewegung miteinander verbindet, schließt die Spielrunde ab.
Jedes Kind sucht sich einen Tanzpartner. (Wenn es eine ungerade Zahl von Gästen ist, kann ein Kind auch mit seiner Puppe tanzen, oder die Mutter übernimmt den Part des Gegenübers.)
Die Kinder stehen einander paarweise gegenüber. Bei der Zeile: *„Brüderchen, komm tanz' mit mir"* verbeugen sie sich voreinander.
Bei *„beide Hände reich' ich dir"* reichen Sie einander die Hände. Die Zeile: *„Einmal hin, einmal her, rundherum das ist nicht schwer"* wird entsprechend dargestellt.
Analog dazu wird die zweite und dritte Strophe getanzt. Wenn die Kinder dieses Spiel nicht schon aus dem Kindergarten kennen, muß nach jeder Strophe eine Pause gemacht werden, um den neuen Text und den Bewegungsablauf zu erklären.

2. Mit den Füßchen tapp, tapp, tapp!
Mit den Händen klapp, klapp, klapp!
Einmal hin, einmal her, rundherum das ist nicht schwer.

3. Mit dem Köpfchen nick, nick, nick,
mit den Fingern tick, tick, tick!
Einmal hin, einmal …

Kasperletheater
Zum Abschluß der Spielrunde wird ein Kasperletheaterstück aufgeführt. Einen Spielvorschlag finden Sie am Ende dieses Kapitels (Seite 20).

■ Speisevorschläge

Zum Geburtstagskaffee gibt es einen mit Schokoladenguß überzogenen Gugelhupf, der mit den Geburtstagskerzen und mit bunten Gummibärchen dekoriert wird. Die Puppen bekommen kleine Puppenkuchen oder lekkere Plätzchen.
Zum Abendessen wird dann der von den Kindern (mit Unterstützung der Mutter) zubereitete Pudding mit einer passenden Soße serviert.

■ Geschenktips

- Ursula Lietz, Kasperletheater. Spieltexte, Spielanleitungen und Basteltips für Theater und Puppen, FALKEN Verlag.
- Kinderkochbücher, z.B.:
  U. Bültjer: Kinderkochen mit Knuddel; Kinderbacken mit Knuddel, FALKEN Verlag.
  Dagmar von Gramm: Für Kinderfeste kochen und backen. Tolle Rezepte, die kleine und große Kinder begeistern, Gräfe und Unzer.
  Dorothea Desmarowitz: Ich backe für euch, Ravensburger Buchverlag.
  S. und H. Theilig: Komm, koch und back mit mir. Kunterbuntes Kochvergnügen für Kinder, FALKEN Verlag.
- Irina Kurschonow: Wuschelbär. Oetinger Verlag.
- MC: Pu der Bär – Junior.
- Ausschneidepuppen (und Ausschneidebogen) bereiten auch heute noch Kindern Freude, z.B.:
  Ankleidepuppen zum Ausschneiden und Spielen. Sebald Kinderbücher.
  Eva-Maria Ott-Heidmann: Ausschneidepuppen zum Anmalen und Spielen, Heidmück-Verlag.
- Kasperlepuppen: Besonders empfehlenswert sind die Original Dresdner Künstlerpuppen oder Kersa-Kasperlepuppen.
- Puppen, Puppenkleider, Ärztekoffer, Puppengeschirr, Tragetuch für Puppen, Puppenfahrradkörbchen.

Spielstück Kasperletheater

Seppel will nicht lesen lernen

Es spielen mit:
Kasper, Seppel, Gretel, Großmutter
Requisiten:
1. Akt: Schulheft
2. Akt: Omas Strickzeug, Fernsehzeitung, Tageszeitung, Brille
3. Akt: 4 Kinokarten, 2 Pakete

Spielhinweise

Die *Kasperlefiguren* dieses Stükkes sind wahrscheinlich in jedem Puppenspiel vorhanden und brauchen nicht verändert zu werden. Da überwiegend alle 4 Puppen gleichzeitig auf der Bühne sind, müssen mindestens 2 Puppenspieler vorhanden sein, um das Stück aufzuführen.
Am günstigsten wäre die folgende Aufteilung:
1. Spieler – Großmutter, Kasper;
2. Spieler – Seppel, Gretel.
So stehen die jeweiligen Gesprächspartner einander gegenüber, und ihre Stimmen unterscheiden sich schon natürlicherweise.

Nun zu den *Requisiten:* Als Kaspers *Schulheft* kann gut ein Vokabelheft dienen. Ist dieses nicht vorhanden, genügen einige gleichgroße Papierstücke, die aneinandergeheftet werden. Das äußere Blatt sollte andersfarbig und im oberen Teil beschrieben sein.
Das *Strickzeug* der Großmutter kann man aus 2 Zahnstochern und etwas bunter Wolle herstellen. Mit möglichst dünnen Nadeln strickt man ein Läppchen von etwa 6 x 9 cm^2 (wer nicht stricken kann, nimmt ein Stück Strickstoff). Dann steckt man statt der Nadeln die Zahnstocher, die mit etwas Klebstoff bestrichen sind, durch die Maschen. Den Schlußfaden läßt man lang und wickelt daraus ein kleines Wollknäuel. Das letzte Fadenstück des Knäuels wird ebenfalls mit Klebstoff bestrichen, um ein Aufrollen zu verhindern. (Wenn man Strickstoff verwendet, muß das Knäuel separat gewickelt und der Faden angeknotet werden.) Das Strickzeug wird Häkel- oder Strickpuppen einfach durch die Maschen der Hand geschoben. Bei Stoffkleidern biegt man die Puppenhand

um das Strickzeug und steckt es mit einer Nadel fest.

Die *Fernseh- und Tageszeitung* wird nach dem gleichen Prinzip angefertigt:

Aus einer Programmzeitschrift oder Illustrierten sowie aus einer alten Zeitung werden gleichgroße Stücke ausgeschnitten und in der Mitte zusammengefaltet. Für die Fernsehzeitung werden diese so zusammengeheftet, -genäht oder -gebunden, daß außen ein vollständiges Bild zu sehen ist. – Die Zeitung wird nur an einer Stelle festgeklebt und dann zusammengerollt. Später, wenn Kasper daraus vorliest, wird sie wieder entrollt.

Die *Brille* der Großmutter formt man am besten aus Blumendraht nach folgender Skizze:

Brille für die Großmutter.

An den, mit einem Pfeil gekennzeichneten Stellen wird noch ein kurzes Stück Draht zur Verstärkung um das Gestell gedreht.

Die *Kinokarten* kann man aus bunter Pappe oder aus Tonpapier zurechtschneiden und mit Schrift versehen.

Zum Schluß benötigt man noch 2 *Pakete,* in denen sich die Puppe und die Rollschuhe befinden sollen.

Man könnte zum Beispiel eine leere Zahnpastaschachtel und eine leere Seifenschachtel mit Geschenk- bzw. Packpapier umwickeln und mit einer Kordel so zubinden, daß sie als Griff dienen kann. Wer möchte, kann auf Gretels Paket ein Bild von einer Puppe und auf Seppels Paket ein Bild von Rollschuhen kleben. Diese Bilder findet man fast in jedem Katalog – meistens sogar in der richtigen Größe.

Seppel will nicht lesen lernen

Erster Akt

Großmutter: Guten Tag, liebe Kinder. Ja, da staunt ihr, was? Heute muß ich euch begrüßen. Der Kasper ist nämlich noch nicht zu Hause. Ihr wißt doch sicher, daß er zur Schule geht, oder? – Jaaa, er ist schon im dritten Schuljahr und ein ganz fleißiger Schüler. Nur leider hat er jetzt nicht mehr so viel Zeit für euch, Kinder. Aber ihr wißt ja sicher selbst, wie das ist. Nachmittags müßt ihr sicher auch alle Hausaufgaben machen, oder? – Geht ihr auch so gerne in die Schule? – Aha! Könnt ihr denn schon alle lesen? Das ist ja fein. Wißt ihr, ich habe nämlich solche Sorgen mit dem Seppel. Alle Kinder freuen sich, wenn sie endlich lesen können. Nur der Seppel nicht. Er hat einfach keine Lust dazu. Habt ihr vielleicht eine Idee, was ich mit ihm machen soll? … *(schüttelt bei jedem Vorschlag der Kinder den Kopf)* Ach, das habe ich alles schon ausprobiert. Es nützt einfach nichts. *(Sie blickt plötzlich zur Tür – oder zum Bühnenrand.)*

Oh, ich glaube, meine Kinder kommen aus der Schule. Ich höre sie schon. *(Gretel, Seppel und Kasper stürmen herein.)*

Gretel: Hallo, Großmutter! *(Sie gibt ihr einen Kuß.)* Mensch, habe ich einen Hunger! Was gibt es denn Schönes zum Essen?

Kasper: *(schwenkt ein Schulheft)* Großmutter, guck mal! Wir haben ein Diktat zurückbekommen. Rate mal, was ich hab'!

Großmutter: Na, wenn du so strahlst, bestimmt etwas Gutes.

Kasper: *(hüpft hin und her)* Eine 2! Ich habe nur einen ganz kleinen Fehler gemacht.

Seppel: *(steht abseits und läßt den Kopf hängen)*

Großmutter: Na prima! Dann kommt erst mal zum Essen!

Gretel: Der Seppel hat heute schon wieder eine 5 im Lesen gekriegt.

Seppel: *(frech)* Na und! Das geht dich gar nichts an! Außerdem ist das ja gar nicht so wichtig.

Kasper: Ach Gretel, laß den doch! Komm lieber mit in die Küche. *(zieht Gretel von der Bühne)*

Großmutter: *(nimmt den Seppel in den Arm)* Ach Junge, wie soll das mit dir nur weitergehen? Hast du denn nie Lust, ein spannendes Buch zu lesen? Wie andere Kinder in deinem Alter?

Seppel: Nöööö! Das ist doch furchtbar langweilig. Wozu auch? Ich höre viel lieber Radio oder Kassetten! Und noch lieber gucke ich Fernsehen. Das Programm könnt ihr mir ja schließlich vorlesen. *(ab)*

Großmutter: Hört euch das an, Kinder. Was sagt ihr dazu? - - - Ja, ihr habt ja recht. Vielleicht geschieht eines Tages doch noch ein Wunder, und der Seppel sieht es doch ein. *(kopfschüttelnd ab)*

Zweiter Akt

(Die Großmutter sitzt im Sessel und strickt; Seppel kommt herein.)

Seppel: Du, Großmutter, der Fritz hat gesagt, gleich kommt ein toller Abenteuerfilm im Fernsehen. Kannst du mal eben nachgucken, wann der anfängt?

Großmutter: Ach Seppel, ich muß erst noch das Muster zu Ende stricken. Versuch' es doch mal alleine. Du bist doch schließlich schon im dritten Schuljahr.

Seppel: *(holt die Zeitung und blättert darin)* Hmm, was steht denn hier? *(zeigt mit dem Finger auf das Blatt)* – Beee, nein, Seee, – Ses, – Semos, – was? Se – sam, aha! Das heißt bestimmt Sesamstraße. Aber die will ich ja gar nicht gucken. Ich bin doch kein kleines Kind mehr. – Großmutter, hilf mir doch bitte mal!

Großmutter: *(seufzt)* Na gut, dann hole mir mal meine Lesebrille.

Seppel: *(dreht sich um, kommt aber wieder zurück)* Duu, Oma?

Großmutter: Was ist denn noch?

Seppel: Weißt du, wir waren heute nachmittag auf dem Spielplatz. Da ist eine ganz tolle Rollschuhbahn. Und fast alle Kinder aus unserer Klasse haben Rollschuhe.

Großmutter: Und jetzt möchtest du auch Rollschuhe haben?

Seppel: *(nickt mit dem Kopf)* Hmhm!

Großmutter: Ach Junge, du weißt doch, daß ich nicht so viel Geld habe. Ihr drei seid doch so schon teuer genug. Dauernd braucht ihr etwas Neues zum Anziehen, und die Schule ist auch nicht gerade billig. – Tja, es tut mir ja leid, aber da müssen die Rollschuhe eben noch warten. Der Kasper und die Gretel haben auch noch keine. – So, und letzt lauf' und hol' meine Brille!

Seppel: *(langsam ab, Großmutter strickt weiter; Seppel kommt wieder.)* Ich kann sie nicht finden. In der Küche und im Schlafzimmer habe ich nachgeguckt. Vielleicht liegt sie hier irgendwo.

Großmutter: Ojeoje, wo habe ich sie denn nun schon wieder liegen lassen? Wenn ich doch nur nicht so vergeßlich wäre! *(Kasper und Gretel stürmen herein.)*

Kasper: Oma, Oma, hast du schon die Zeitung gelesen?

Großmutter: Nein, ich kann meine Brille nicht finden.

Gretel: Oh, die habe ich heute morgen im Badezimmer gesehen. Ich hole sie schnell.

Kasper: *(schwenkt die Zeitschrift)* Ein Lesewettbewerb! Mit tollen Preisen!

Großmutter: Was? Erzähl' doch mal!

Kasper: Hör zu, hier steht: *(rollt die Zeitschrift auseinander und liest vor)* Kinder vom 1. bis zum 4. Schuljahr sind herzlich zu unserem diesjährigen Lesewettbewerb im alten Schloß eingeladen. Den Gewinnern winken Preise wie Bücher, Spiele, ein Fahrrad, Rollschuhe, Puppen und viele andere. Wer mitmachen möchte, soll sich in zwei Wochen um 15 Uhr einfinden Es lohnt sich bestimmt.

(Gretel kommt während der letzten Worte mit der Brille und reicht sie der Großmutter)

Ist das nicht toll? Wir machen natürlich mit! Vielleicht gewinnen wir etwas Schönes!

Seppel: *(hatte bei der Nennung der Preise aufgehorcht)* Kasper, habe ich richtig gehört? Gibt es da auch Rollschuhe zu gewinnen? Die hab' ich mir schon immer gewünscht. Ob ich da wohl auch mitmachen kann?

(Gretel lacht ihn aus.)

Großmutter: Na, ich weiß nicht. Da muß man schon besser lesen können als du.

Kasper: Duuu? – Kinder, was meint ihr? Ob der Seppel das schafft ... Nein, ich glaube es auch nicht. Er ist doch viel zu faul zum Lesen.

Gretel: Kasper, komm' mit! Wir müssen üben! *(beide ab)*

Großmutter: Na so was, jetzt habe ich bei der Aufregung ganz meinen Kuchen vergessen. Ich muß schnell in die Küche. *(ab)*

Seppel: Was? Ich soll das nicht schaffen? Ihr kennt mich alle noch nicht richtig. Pah, ihr werdet euch noch wundern. Zwei Wochen sind eine lange Zeit. Da kann ich jeden Tag üben. *(geht langsam ab und murmelt dabei immer leiser werdend)* Wo habe ich denn nur mein Lesebuch? Ich brauche es doch zum Üben ...

Dritter Akt

Großmutter: *(strickt)* Ich bin ja so neugierig. Heute ist der große Tag. Alle meine Kinder sind zum Lesewettbewerb gegangen. Sogar der Seppel. Er wollte unbedingt mit. Ich möchte bloß mal wissen, warum. Er wird wohl zuschauen wollen. – Wo bleiben sie denn nur? Jetzt sind sie schon zwei Stunden weg. Ob sie wohl etwas gewinnen? Was meint ihr, Kinder? ... Ach seht mal, da hinten kommt der Kasper schon angerannt als wäre der Teufel hinter ihm her.

Kasper: *(kommt keuchend und nach Atem ringend auf die Bühne; eine Hand versteckt er hinter dem Rücken.)* Großmutter! Kinder! Ratet mal, was ich gewonnen habe?

Großmutter: Wir können es ja doch nicht erraten. Sag' es uns doch!

Kasper: *(zieht die Hand mit den vier Kinokarten hinter dem Rücken hervor)* Stellt euch vor: 4 Freikarten für's Kino! *(umarmt die Großmutter)* Da kann ich euch am Sonntag alle einladen.

Großmutter: Das ist aber prima! Da freue ich mich! Zeig' mal her!

Gretel: *(tritt mit Seppel zusammen auf, jeder hat ein Paket im Arm.)* Aber wenn du erst mal hörst, was ich gewonnen habe, da wirst du staunen! Eine Puppe, mit vielen verschiedenen Kleidern! Sie hat sogar echtes Haar, das man kämmen kann!

Kasper: Jetzt kommt aber erst die größte Überraschung! Rate doch mal, wer die Rollschuhe gewonnen hat? *(alle gucken Seppel an, der verlegen zu Boden sieht.)*

Großmutter: Doch nicht etwa ... *(zweifelnd)* du? *(Seppel nickt.)*

Großmutter: *(nimmt ihn in die Arme)* Das ist die größte Freude, die du mir jemals gemacht hast. – Aber wie hast du das nur geschafft? Es ist doch fast nicht möglich. *(sie löst sich von ihm.)* Ich kann es noch gar nicht glauben.

Seppel: Hast du dich denn nicht gewundert, daß ich gar nicht mehr draußen gespielt habe? Ich habe jede freie Minute Lesen geübt. Und wie du siehst, kann ich es jetzt.

Gretel: Jetzt brauchen wir dir wenigstens nicht mehr vorzulesen, was im Fernsehen kommt.

Seppel: Und ich kann mir endlich die vielen schönen Bücher aus der Schulbücherei leihen. Eigentlich wollte ich das ja immer schon gerne.

Großmutter: Dann kannst du mir ja jetzt auch mal was aus der Zeitung vorlesen.

Gretel: Ja, und Bastelanleitungen für Modellflugzeuge lesen!

Großmutter: So, nach diesen schönen Überraschungen habe ich aber auch eine Überraschung für euch. Sie steht in der Küche.

Kasper: *(schnuppert)* Hmm, es riecht so nach ... Pflaumenkuchen mit Schlagsahne!

Großmutter: *(nickt)* Ja, richtig geraten. Den habt ihr euch heute ja auch redlich verdient. Und dazu gibt es ...

Kasper, Gretel und Seppel: *(zusammen)* ... heißen Kakao?

Großmutter: Jawohl!

Kasper, Seppel und Gretel: Hmmm, lecker! Das lassen wir uns nicht entgehen. Los, ab in die Küche! *(ab)*

Großmutter: Halt, die Kinder ...! – Sie hören nichts mehr. Ja Kinder, ich habe euch heute begrüßt. Jetzt muß ich euch auch wieder verabschieden. Nehmt es dem Kasper nicht übel, aber ich glaube, er hat euch vor lauter Freude ganz vergessen. Was sagt ihr zu dem Seppel? Hättet ihr das gedacht? - - Nein, ich auch nicht. Dieser Teufelskerl! Er hat uns ganz schön an der Nase herumgeführt, nicht wahr? Aber mir ist ein Stein vom Herzen gefallen. – Hoffentlich klappt bei euch in der Schule auch immer alles so, wie ihr euch das wünscht. – So, ich werde jetzt in der Küche nach dem Rechten sehen. Auf Wiedersehen Kinder, bis zum nächsten Mal! *(Während sie von der Bühne geht, wird der Vorhang geschlossen.)*

Eine aufgeblasene Gesellschaft

Mit Hilfe von einfachen Luftballons läßt sich eine Geburtstagsfeier für Kinder im Alter von sechs bis acht Jahren bunt und abwechslungsreich gestalten. Mit Luftballons kann man basteln, aber auch spannende Wettspiele durchführen. Immer wieder faszinieren die Ballons durch die Leichtigkeit, mit der sie durch die Luft schweben. Manche Kinderträne wurde schon vergossen, wenn der liebenswerte Spielgefährte plötzlich platzte oder – falls er mit Gas gefüllt war – auf Nimmerwiedersehen davonflog.

Einladung

Besorgen Sie zunächst eine ausreichende Menge buntes, etwas festeres Papier im DIN-A5-Format. Einmal quer gefaltet ergibt es eine Doppelkarte. Die erste Seite wird mit einem Strauß bunter Luftballons geziert, auf die dritte Seite kommt der Text der Einladung, der z.B. so lauten kann:

Zu meinem Geburtstag am Mittwoch, dem 15. Juni, lade ich Dich, lieber Johannes, herzlich ein.
Sei bitte pünktlich um 15 Uhr da!
Dein Philip

Um den bunten Luftballonstrauß herzustellen, gibt es verschiedene Möglichkeiten. Am wenigsten Arbeit macht es, wenn Sie die vorgezeichneten Ballons mit Filzstiften oder Wasserfarben bunt ausmalen.
Sehr hübsch wirkt es auch, wenn die Luftballons aus Buntpapier ausgeschnitten und dann zu einem Strauß zusammengeklebt werden.

So lustig und schön bunt sieht die Einladungskarte mit den Luftballons in Wachsbügeltechnik aus.

Mit Hilfe der Wachsbügeltechnik können Sie die Luftballons ganz individuell gestalten.
Ein Stück Pergament- oder Butterbrotpapier wird ganz bunt mit Wachsstiften bemalt – je dicker die Schicht, desto besser. Danach falten Sie das Papier zur Hälfte und bügeln von der Außenseite, d.h. der Seite ohne Farbschicht, mit einem nicht zu heißen Bügeleisen darüber. Durch die Wärme wird die Farbe weich und verläuft, und beim Auseinanderziehen entstehen hübsche, charakteristische Muster.
Nun werden die Luftballons ausgeschnitten und auf den Einladungskarten zu bunten Sträußen zusammengeklebt.
Natürlich darf das Geburtstagskind bei der Herstellung der Einladungskarten nach Kräften mithelfen.

Planung

Wenn das Wetter es zuläßt, kann dieser Kindergeburtstag gut im Garten oder auf einem Spiel- oder Freizeitplatz gefeiert werden. Bei schlechtem Wetter eignet sich auch die Wohnung, wenn Sie dort die Möglichkeit haben, für eine genügend große freie Spielfläche zu sorgen.
Die wichtigsten Utensilien für dieses Fest sind natürlich die Luftballons, von denen eine größere Anzahl in möglichst verschiedenen Farben benötigt wird.
Damit viel Zeit zum Basteln und Spielen bleibt, wird der Geburtstagskaffee als Picknick gestaltet. Nach dem Picknick beginnt das Spiel mit den Luftballons.
Damit es nicht sofort „hoch hergeht“, werden zum Auftakt in einer Bastelrunde lustige Ballonmännchen gestaltet. Somit hat jedes Kind die Möglichkeit, einen eigenen Ballon zu haben, den es mit nach Hause nehmen kann. Dadurch fällt es nicht so schwer, mit den Ballons zu spielen, sie wieder abzugeben oder zu erleben, wie sie platzen. All das wird in der Spielphase nämlich zur Genüge geschehen.
Zum Abschluß der Spielrunde kann ein Luftballonwettfliegen veranstaltet werden. Dazu sind allerdings gasgefüllte Luftballons nötig, die Sie vor dem Fest besorgen müssen.
Als besinnlicher Ausklang bietet sich noch einmal eine Bastel-

runde an. Damit die Kinder die hier vorgesehenen Luftballonlaternen herstellen können, muß man ein paar Tage vor dem Fest mit den Vorarbeiten beginnen.
Sie brauchen dazu:

- Für jeden Gast einen Luftballon;
- Seidenpapier in verschiedenen Farben;
- Tapetenkleister;
- dünne Schnur;
- einen oder mehrere dicke Pinsel

Zusammen mit dem Geburtstagskind werden die Luftballonlaternen vorbereitet.

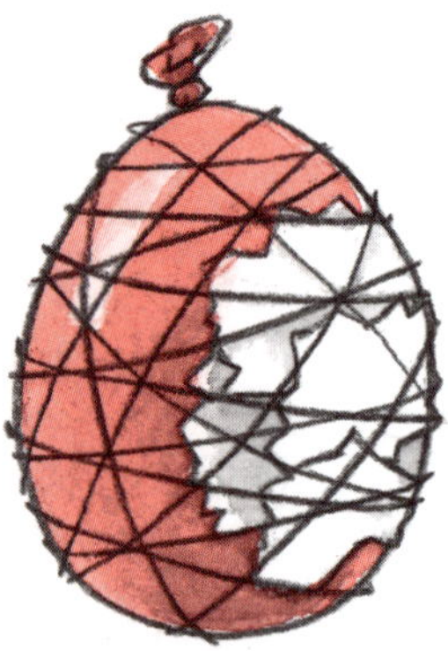

Der aufgeblasene Luftballon wird mit Schnur umwickelt und mit Seidenpapier beklebt.

Die Ballons werden aufgeblasen, verschlossen und rundherum mit der Schnur umwickelt. Vom Seidenpapier werden nicht zu kleine Stücke abgerissen, dick mit Kleister eingestrichen und auf die Ballons geklebt. Durch die übereinander geklebten Farben entstehen anschließend reizvolle Farbkombinationen.
Um den Laternen die nötige Stabilität zu verleihen, sollten mindestens drei Schichten Seidenpapier übereinander geklebt werden. Die so vorbereiteten Ballons werden zum Trocknen beiseite gestellt. Rechnen Sie für den Trockenvorgang etwa drei Tage.

Dekoration

Die Spielfläche wird möglichst durch eine Ballongirlande abgegrenzt. Bei älteren Kindern, die schon lesen können, kann man mit dieser Luftballongirlande gleich das erste Spiel des Festes einleiten.
Dazu werden zehn farblich bunt gemischte Ballons so aufgehängt, daß zwischen den einzelnen Ballons jeweils ein Zwischenraum frei bleibt, der von

den Kindern dann mit den passenden Ballons ausgefüllt werden soll.
Auf jeden Ballon schreiben Sie mit Filzstift einen großen Buchstaben. Die vollständige Ballongirlande ergibt dann, hintereinander gelesen, das Festmotto:

Luftballongeburtstag

Die Luftballongirlande ist gleichzeitig Dekoration und lustiges Worträtsel.

Bei Ankunft der Gäste ist erst:
L F B L O G B R S A
zu lesen.
Die übrigen zehn Ballons mit den Buchstaben
U T A L N E U T T G
werden als Ballonsträuße zusammengebunden und in einen Eimer oder Korb gestellt. Wenn die Gäste die fehlenden Ballons eingefügt haben, ist damit auch das Motto der Feier bekannt.

Spielvorschläge

Basteln

Luftballons verwandeln sich

Für die Verwandlung der Luftballons in lustige Ballonmänner werden benötigt:

- je Kind ein aufgeblasener Ballon (speziell bei kleineren Kindern wird es nötig sein, beim Aufblasen der Ballons behilflich zu sein),

- eine Anzahl Scheren,
- Buntpapier,
- Woll-, Bast- und Filzreste in verschiedenen Farben,
- Klebstoff, der von den Ballons vertragen wird,
- pro Kind ein DIN-A4-Blatt aus etwas festerem Papier zur Herstellung der Füße der Ballongesellschaft,
- eine Pappschablone für die Füße,
- Filz- und Bleistifte.

Mit Hilfe dieser Materialien bastelt jedes Kind sein eigenes Ballonmännchen. Augen, Ohren und Nase können aufgeklebt oder -gemalt werden. Bast- und Wollreste dienen als Haare oder Bart. Zum Schluß wird der Kopf auf die ausgeschnittenen Füße geklebt.

Fertiges Ballonmännchen.

Luftballonlaternen

Zum Abschluß des Festes bastelt sich jedes Kind eine Luftballonlaterne, die es dann nach Hause mitnehmen kann. Dazu müssen folgende Dinge bereitgestellt werden:

- die schon vorbereiteten, mit Seidenpapier beklebten Luftballons,
- Laternenstangen
- eine große Stopfnadel,
- etwas dünner Draht,
- Schnur,
- für jede Laterne ein Teelicht.

Mit der Stopfnadel werden die Ballons in der Nähe des Verschlusses durchstochen. Dann schneiden Sie ein Loch von 6 bis 8 cm Durchmesser rund um den Verschluß heraus und ziehen den geschrumpften Luftballon vorsichtig aus der Öffnung. Zurück bleibt das mit der Schnur verstärkte Seidenpapier in Ballonform – die Laterne. Nun muß nur noch der Draht zum Aufhängen angebracht und das Teelicht eingeklebt werden.

Wettspiele

Luftballonhüpfen
Je zwei Kinder spielen gegeneinander. Jedes Kind bekommt einen aufgeblasenen Luftballon zwischen die Knie und muß versuchen, eine bestimmte Strecke „abzuhüpfen", ohne daß der Luftballon zu Boden fällt.
Übrigens: Das Hüpfen kann durch kleine Hindernisse wie Kissen oder Joghurtbecher zusätzlich erschwert werden.

Luftballontreten
Je zwei Spieler bekommen einen aufgeblasenen Luftballon an den Fuß gebunden. Nun müssen sie versuchen, sich gegenseitig die Luftballons zu „zertreten". Sieger ist, wer den Luftballon des Gegners zuerst zum Platzen gebracht hat. Dann kommen die nächsten beiden Spieler an die Reihe. Zuletzt treten dann die Sieger gegeneinander an, bis zum Schluß der Gewinner feststeht.

Luftballonwettaufblasen
Alle Kinder bekommen einen Luftballon, den sie auf ein Kommando aufblasen müssen. (Bei kleineren Kindern sollten die Ballons vorher schon einmal aufgeblasen worden sein, da die Lungenkraft in diesem Alter noch nicht ausreicht, den „Anfangswiderstand" zu überwinden.) Wer meint, seinen Ballon genügend aufgeblasen zu haben, setzt sich drauf und versucht, ihn zum Platzen zu bringen. Sieger ist derjenige, dem das zuerst gelingt.

Luftballontreiben
Ein Spielfeld – die Größe richtet sich nach dem vorhandenen Platz – wird abgesteckt. An einem Ende des Spielfeldes wird ein Korb, das Tor, bereitgestellt. Der erste Spieler beginnt nun am entgegengesetzten Ende des Feldes mit dem Luftballontreiben. Er muß den Ballon mit einem Handtuch, das als Schläger dient, über die Spielfläche bewegen und in den Korb bugsieren. Hat er sein „Tor" erzielt, folgt der nächste Spieler. Die Zeit, die jedes Kind braucht, wird notiert. Sieger ist, wer es am schnellsten geschafft hat, ein „Tor" zu schießen.

Luftballonbalancieren

Jedes Kind sitzt auf einem Stuhl und hält sich mit den Händen daran fest. Jeder Spieler balanciert einen aufgeblasenen Ballon mit den ausgestreckten Beinen, wobei der Ballon nicht auf den Beinen liegenbleiben, aber auch nicht außer „Bein-Reichweite" geraten darf. Wer schafft es am längsten?

Variante: Die Kinder teilen sich in zwei Gruppen. Jede Gruppe setzt sich in der eben beschriebenen Weise auf Stühle, die nebeneinander in einer Reihe stehen.
Nun lautet die Aufgabe, einen Luftballon von Spieler zu Spieler nur mit Hilfe der Beine weiterzugeben, ohne daß dieser den Boden berührt.
Gewonnen hat die Gruppe, deren Ballon zuerst den letzten Spieler der Reihe erreicht. Fällt der Ballon zwischendurch auf die Erde, muß beim ersten Spieler wieder angefangen werden.

Luftballonjagd

Ein aufgeblasener Ballon wird an einer Schnur so in die Mitte des Spielfeldes gehängt, daß er in Ruhestellung bequem für alle Kinder erreichbar ist. Ein Spieler wird zum „Wächter" des Ballons bestimmt, die anderen Kinder sind seine Gegenspieler. Der „Wächter" bekommt einen Fön (Verlängerungskabel nicht vergessen oder einen batteriebetriebenen Fön nehmen), mit dessen Hilfe er den Ballon aus der Reichweite der Angreifer blasen kann.
Die Angreifer – jeder ist mit einer Reißzwecke bewaffnet – versuchen, den Ballon zu zerstören. Wer den Luftballon zum Platzen bringen kann, übernimmt in der nächsten Runde die Rolle des „Wächters".

Spielen mit Riesenseifenblasen

- Seifenlauge
- Stock
- Schnürsenkel
- Unterlegscheibe

Einen Riesenspaß erzielen Sie mit übergroßen Seifenblasen, die – bei richtiger Vorbereitung – gestaltbar sind.

Mit einem Konzentrat wird drei Tage vor dem Fest die Seifenflüssigkeit angesetzt. An zwei gleichlangen Stäben (Laternenstöckchen) werden zwei Schnürsenkel angeknotet, so daß sie ein großes Oval bilden. Dabei wird unten am Schnürsenkel in der Mitte als Gewicht eine Unterlegscheibe eingeknotet.
Nun kann der Spaß beginnen: Die Kinder tauchen die Stöcke mit den Bändern in die Flüssigkeit, bewegen sie leicht hin und her und nehmen sie wieder heraus. Jetzt werden die Stäbe vorsichtig bewegt. Bei leichtem Schwingen bilden sich die Seifenblasen, deren Formen sich immer wieder verändern lassen. Mit ein wenig Übung gelingt das bald allen Teilnehmern.
Für die Seifenlauge empfiehlt sich das „Glip-Set". Mit einem Spezialstab und einem Konzentrat für 3/4 l Flüssigkeit bietet es die komplette Voraussetzung für das Spiel. Wer die Stöcke selbst vorbereiten will, der nimmt das Glip-Nachfüllfläschchen, das ein Konzentrat für 3 l Flüssigkeit bietet.

Luftballonwettfliegen
Wenn es technisch möglich ist, werden zum Abschluß der Spielrunde mit Gas gefüllte Luftballons auf die Reise geschickt.
Wer mag, kann vorher die im Anschluß an dieses Kapitel abgedruckte Geschichte: „Steffi hat einen Luftballon" vorlesen, um die Kinder – nach der Aufregung der Spiele – auf den letzten, besinnlicheren Teil des Festes einzustimmen.
An jeden Ballon wird eine Postkarte gebunden, der Name und Adresse des Absenders und vielleicht den folgenden Text enthält.

Ich bin von einer fröhlichen Geburtstagsparty direkt hierher geflogen. Wenn Du mich findest, schicke mich bitte an die umstehende Adresse. Vielen Dank!

Speisevorschläge

Zum Kaffee, der als Picknick gestaltet wird, gibt es frische Waffeln und Milch-Mix-Getränke. Statt aus Bechern trinken die Kinder aus Joghurtgläsern (vorher gut ausgespült!), die mit dem Namen der Gäste beschriftet werden.

Zum Abendessen reichen Sie Hamburger, selbstverständlich selbstgemacht: mit so leckeren Frikadellen und entsprechenden Beigaben übertreffen unsere Hamburger jedes Fertigprodukt.

Geschenktips

- Irina Korschunow: Steffis roter Luftballon, Geschichten für die Kleinsten, dtv-junior-Taschenbuch 7560.
- Reiner Zimnik: Billis Ballonfahrt, Diogenes-Verlag.
- Gerda Hauck: Rund um den Luftballon. Brunnen-Reihe 160, Christophorus-Verlag (Bastelvorschläge).
- Hüpfball.
- Seifenblasenflaschen (eignet sich als Geschenk für die Gäste).
- Maxi Ballons von Everts (Spielwarenhandel).

Geschichte

Steffi hat einen Luftballon

Steffi hat einen Luftballon. Er ist rot und hat ein aufgemaltes Gesicht und wackelt im Wind hin und her.
„Du mußt den Bindfaden ganz fest halten", sagt der Vater.
„Sonst fliegt dein Ballon weg."
Steffi glaubt das nicht.
Vorsichtig läßt sie den Bindfaden los, nur ein bißchen, nur ganz kurz.
Und schwupp, fliegt der Ballon davon.
„Mein Luftballon!" schreit Steffi. Sie will nach dem Bindfaden greifen. Aber der Luftballon ist schon zu weit weg.
Steffi fängt an zu weinen.
„Mein Luftballon! Ich will meinen Luftballon wiederhaben."
Der Vater nimmt Steffi auf den Arm.
„Sei nicht traurig", sagt er.
„Dem Luftballon macht es sicher Spaß. Der kann jetzt fliegen, immerzu fliegen."
Steffi hebt den Kopf.
Der Luftballon schwebt hoch oben in der Luft. Er ist nur noch ein roter Punkt am Himmel.
„Wo fliegt er denn hin?" fragt Steffi.
„Zu den Wolken", sagt der Vater.
„Und immer noch weiter."
„Zu den Sternen?" fragt Steffi.
„Und zum Mond?"
„Vielleicht", sagt der Vater. „Und irgendwann landet er wieder in einem Garten oder auf einer Wiese. Und dann kommt so ein kleines Mädchen wie du und findet ihn, und der Luftballon sagt: „Schöne Grüße von Steffi!"
„Der Luftballon kann gar nicht sprechen", sagt Steffi.
„Stimmt", sagt der Vater.
„Das war auch bloß so eine Luftballongeschichte, damit du nicht mehr traurig bist."
„Erzähl mir noch eine Luftballongeschichte!" sagt Steffi.
„Heute abend. Vor dem Einschlafen", sagt der Vater.

Irina Korschunow, Copyright: Benzinger Verlag Zürich, Köln.

Manege frei zum Zirkusfest

Alle Kinder lieben den Zirkus. Zwar kennen sie eine Menge atemberaubender Nummern aus dem Fernsehen, aber nichts ist schöner, als bei einer Zirkusvorstellung wirklich dabei zu sein. Die Atmosphäre des Zeltes und der Geruch nach Sägespänen und Tieren läßt sich mit keiner Filmkonserve einfangen. Und wer hat nach einer solchen Vorstellung nicht schon einmal davon geträumt, Zirkusartist zu werden?
Bei unserem Geburtstagszirkus für Sechs- bis Achtjährige kann sich jeder diesen Wunsch erfüllen und in seine Traumrolle schlüpfen.

Einladung

Die Einladung ist gleichzeitig die Eintrittskarte zu unserem Zirkus Hullahupp und muß zur Geburtstagsfeier mitgebracht werden. Eine Ecke wird perforiert (mit einer dicken Stopfnadel Löcher ins Papier stechen) und zu Beginn der Feier wie eine richtige Eintrittskarte abgerissen. Innen steht der Einladungstext, der z.B. so lauten kann.

Manege frei zur einmaligen Vorstellung des Zirkus Hullahupp. In diesem Zirkus gibt es keine Zuschauer! Alle Gäste können ihre Rolle spielen. Dazu kannst Du, liebe Conny, verkleidet kommen (Clown, Seiltänzerin, Zirkusdirektor, Zauberer; vielleicht kommt Dir eine besondere Idee!). Außerdem ist Dein Lieblings(stoff)tier ein gern gesehener Gast. Ich freue mich auf Dich!
Deine Esther.

Planung

Das Zirkusfest kann, wenn es das Wetter erlaubt, sehr gut im Freien gefeiert werden; die Vorstellung kann aber auch im Zimmer stattfinden. Hier sollten allerdings die Nachbarn gewarnt werden, daß es etwas lauter zugehen wird.
Die ankommenden Gäste zeigen ihre Eintrittskarte zum Abriß vor. Die mitgebrachten Stofftiere werden in einer Ecke des Raumes in einem abgegrenzten Tierkäfig (z.B. ein Laufstall) untergebracht. Während des Kaffeetrinkens wird über den Zirkus und die selbst miterlebten Vorstellungen

Die Einladungskarte ist rechts perforiert, so daß sie abgerissen werden kann wie eine richtige Eintrittskarte für den Zirkus.

geredet. Die Kinder sollen sich schon jetzt Gedanken machen, welche Nummer sie in der kommenden Zirkusvorstellung aufführen möchten. Damit zum Schluß nicht nur Clowns auftreten, sollte die Mutter oder der Vater in dieser Phase das Gespräch vorsichtig lenken und die verschiedenen Möglichkeiten ins Gespräch bringen. (Anregungen dazu finden Sie im Kapitel Spielvorschläge.)
Wenn die Rollen verteilt sind, geht es nach dem Kaffeetrinken ans Verkleiden. Dazu wird eine Theater- oder Faschingskiste bereitgestellt, in der sich alte Kleider, Hüte, Tücher usw. befinden. Für die Zirkuskapelle stehen Topfdeckel, Mundharmonika, Flöte, Trommel und andere vorhandene Klangkörper zum Musikmachen zur Verfügung.
Bei einem Zirkus darf die Schminke nicht fehlen. Wasser- oder Fettschminke ist auf alle Fälle anderen Materialien vorzuziehen, da sie hautverträglicher ist und sich gut entfernen läßt. Sie wird mit einem feuchten Schwämmchen oder mit einem Borsten- oder Haarpinsel aufgetragen. (Bitte keine Fingerfarben verwenden.)
Vorschläge und Ideen zum Schminken und zum Verkleiden finden Sie in folgenden FALKEN Büchern: H. und Y. Nadolny: Phantasievolles Schminken,
Y. Thalheim und H. Nadolny: Schminken für Kinder,
W. Stelzenhammer: Schminken und Verkleiden,
C. Baumgarten: Kinderkostüme.
Während des Verkleidens und Schminkens spricht die Mutter oder der Vater mit den Artisten noch einmal die Rollen durch und gibt zusätzliche Tips. In dieser

Phase ist es günstig, wenn mehr als ein Erwachsener zur Betreuung zur Verfügung steht, da die Vorbereitungen, gerade bei jüngeren Kindern, sonst zu lange dauern.
Zudem sollte die Möglichkeit bestehen, in einer stillen Ecke – unbeobachtet von den anderen – die Nummer schnell einmal zu proben.
Die Schlangenbeschwörer-Nummer verlangt eine etwas aufwendigere Vorbereitung, die aber durch den Erfolg dieser Nummer gerechtfertigt wird. Und die Schlange werden Sie sicherlich bei vielen anderen Gelegenheiten wieder verwenden können.

Herstellung der Schlange
Für den Schlangenkörper wird eine Kordel aus zwölf dunkelbraunen und vier beigefarbenen Makrameefäden von jeweils 4,80 m gedreht. Das ergibt eine fertige Schlangenlänge von etwa 2 m.
Der ovale Schlangenkopf von etwa 22 cm Länge und 15 cm Breite wird auf einem Blatt Papier vorgezeichnet und aus braunem Trikotstoff doppelt mit 1 cm Nahtzugabe ausgeschnitten.

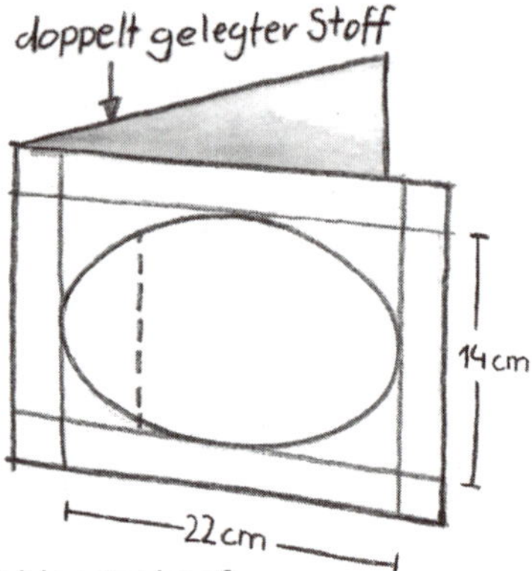

Schlangenkopf

Schlangenmaul

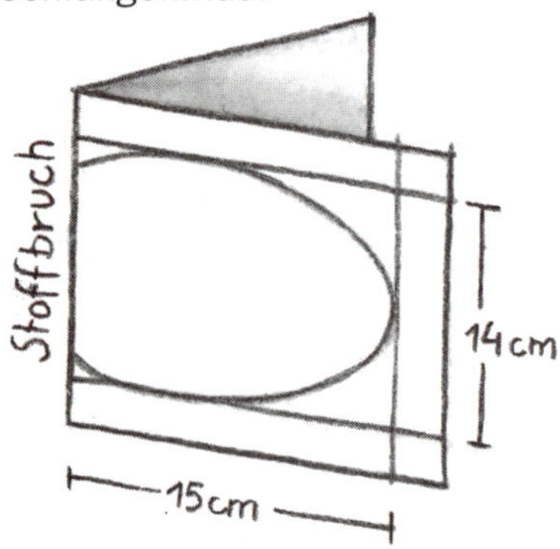

Den Schlangenkopf zweimal ausschneiden. Das Schlangenmaul an der gekennzeichneten Linie auf den Stoffbruch legen und ausschneiden. Beim Zuschneiden die Nahtzugabe nicht vergessen!

Für das geöffnete Maul der Schlange wird das Schnittmuster des Kopfes am hinteren Teil um ein Drittel der Länge als gerade Kante abgeschnitten und an dieser im Stoffbruch auf den doppelten Stoff gelegt und mit ebenfalls 1 cm Nahtzugabe ausgeschnitten.

Das aufgeklappte Maulteil wird den beiden Kopfteilen jeweils bis zu zwei Dritteln aufgenäht. Nun werden die beiden Seitennähte geschlossen und dann der Kopf umgestülpt. Aus rotem, festem Plastikmaterial (Deckel eines ausgedienten Schnellhefters) wird die etwa 16 cm lange, spitze, gespaltene Zunge geschnitten und in die Mitte des Maulteils eingefaßt.

Das Kopfende wird um 1 cm nach innen gesäumt; dabei eine kleine Öffnung frei lassen. Jetzt wird der Kopf mit Schaumstoffflocken oder mit synthetischer Watte ausgestopft und dann mit dem Schlangenkörper verbunden, wobei die Kordel bis zu 10 cm tief in den Kopf eingesetzt wird. Den Schlangenkopf gut am Körper befestigen. Die Mundwinkel werden etwa um 4 cm geschlossen. Als Augen werden zwei grüne Knöpfe aufgenäht. Schließlich wird noch eine 30 cm lange Nylonschnur am hinteren Kopf der Schlange angebracht, woran eine Flöte befestigt wird. Beim Anbringen der Nylonschnur muß darauf geachtet werden, daß der Kopf sich waagerecht herumdrehen kann.

So sieht die fertige Schlange mit der am Kopf befestigten Flöte aus.

Dekoration

Als Tischdekoration steht vor jedem Platz ein Schokokopf (Konditorei) auf dem mit Zuckerguß ein lustiges Gesicht aufgespritzt wurde. Ein passendes Hütchen, das mit dem Namen des Kindes versehen ist, ersetzt die Tischkarten.

Den Geburtstagskuchen kann man mit Marzipan- oder Schokoladenclowns verzieren.

Zur Dekoration des „Zirkuszeltes“ werden in der Mitte an der Zimmerdecke zahlreiche bunte Kreppapierstreifen befestigt, die man dann so auseinanderziehen kann, daß sie wie ein Zirkuszelt wirken. Oder Sie kaufen im Spielwarenhandel Girlanden und Zirkusmotive (Coppenrath Verlag).

Tischdekoration für das Zirkusfest ist der bemalte Schokokopf mit Hütchen.

Die Manege wird durch im Kreis stehende Stühle angedeutet.

Die Zuschauer werden auf eine alte Tapetenrolle gemalt (viele verschiedene Köpfe) und hinter den Stühlen wie eine Kulisse an die Wand geheftet.

Spielvorschläge

Die Musik spielt auf

Jeder, der mag, erhält einen der bereitgestellten „Klangkörper“ wie Mundharmonika, Xylophon, Trommel, Flöten oder auch einfache Topfdeckel.
Mit diesen Instrumenten üben die Musiker zunächst einen Tusch ein, der nachher zum Ende jeder Nummer gespielt wird.

Zur Eröffnung der Zirkusvorstellung wird das Lied vom Zirkus Hullahupp gesungen. Der Direktor (das Geburtstagskind bzw. Vater oder Mutter) singt vor, und alle Mitwirkenden fallen in den Refrain mit ein.
Das Lied vom Zirkus Hullahupp wird nach der Melodie:
„Auf der schwäb'schen Eisenbahn ...“
gesungen.

Ich bin der Direktor heute,
Sorge für geschickte Leute,
Die mit Spannung, Lust und Witz
Bringen manchen Geistesblitz!

Hullahupp heißt unser Zirkus ...

Es stellt sich vor der Fridolin,
Er ist hier Clown, ja seht nur hin!
Er kennt den Spaß für jung und alt
Und läßt dabei niemand kalt.

Hullahupp heißt unser Zirkus ...

Im Turnen ist sie unschlagbar,
Die Hullahupp-Artistenschar,
Ob Purzelbäume, ob Seil, ob
Reck:
Im Spiele sind sie fit und keck!

Hullahupp heißt unser Zirkus ...

Jetzt kommt die Seiltänzerin.
Sie haßt es, wenn durch viel
Klimbim
Die Gäste übersehen gar,
Wie sie bringt ihre Nummer dar.

Hullahupp heißt unser Zirkus ...

Die Tiere fühlen sich famos
Im Zirkuszelt. Sie sind ganz
groß,
Wenn die Dompteure, gut und
schnell
Beim Springen, Tanzen, sind zur
Stell'.

Hullahupp heißt unser Zirkus ...

Seht nur, daß Euch Hokuspokus
Verzaubert all' zum Zirkusab-
schluß.
Dann träumt noch lange,
schwupp die wupp,
Ihr von dem großen „Hullahupp".

Hullahupp heißt unser Zirkus ...

Nach dem Lied spielen die Musiker wieder einen Tusch, und die Vorstellung kann beginnen. Der Direktor kündigt jede Nummer mit großen Worten an, und die Musiker untermalen sie nach Aufforderung durch den Direktor mit einem Tusch.

Schlangenbeschwörer

Da diese Nummer einige Vorbereitung erfordert – die Schlange muß genäht werden (siehe Kapitel Planung) –, bietet es sich an, daß das Geburtstagskind diesen Part übernimmt und vielleicht schon vorher – zusammen mit der Mutter – einen möglichst wirkungsvollen Auftritt probt.
Die zusammengerollte Schlange liegt, für die Zuschauer unsichtbar, in einem Korb. Der Schlangenbeschwörer, vielleicht mit Pumphosen und Turban bekleidet, kommt herein (Tusch) und holt zunächst unter Lebensgefahr seine Flöte aus dem Korb. Er hockt sich vor den Korb und lockt die Schlange mit kreisförmigen Bewegungen seiner Flöte aus dem Korb, wobei er sich langsam aufrichtet, so daß die Schlange zum Schluß in ihrer ganzen Länge zu sehen ist. Be-

sonders gefährlich wirkt dabei der ständig nach allen Seiten hin und her pendelnde Kopf der Schlange.
Wenn der Schlangenbeschwörer nun langsam in die Hocke geht, verschwindet die Schlange, die mit einem Nylonfaden an der Flöte befestigt ist, langsam wieder in ihrem Korb, und der Schlangenbeschwörer geht ab.

Akrobaten
Turnerinnen und Turner können die Rolle der Akrobaten übernehmen und Seilspringen, Handstand, Radschlagen, eine Brücke oder ähnliche Kunststücke vorführen. Vielleicht steht in einer Ecke noch ein alter Hulahupp-Reifen, der hier wieder zu Ehren kommt. Wenn Stelzen vorhanden sind oder sie als Geburtstagsgeschenk überreicht wurden, schließt sich noch ein Stelzengang an, auch wenn er vielleicht etwas wackelig ausfällt. Wenn der Hulahupp-Reifen mit buntem Kreppapier umwickelt wird, kann er an einen brennenden Reifen erinnern, durch den die dressierten Raubtiere (im Zirkus Hullahupp sind es Stofftiere) springen müssen.

Die Clowns
Die meisten Kinder möchten gern den Clown spielen, so daß unser Zirkus zugleich mehrere Clowns hat. Lustig verkleidet, in viel zu großen Kleidern und Schuhen, machen sie ihre Späße. Sicher werden sich die Kinder selbst etwas für die Clownnummer ausdenken; falls ihnen aber wider Erwarten nichts einfallen sollte, hier ein paar Anregungen:

Die Gesangspillen
Ein Clown versucht zu singen, aber er bringt nur krächzende und falsche Töne heraus. Nach Einnahme der „Gesangspillen" schmettert er plötzlich eine Arie (die von einem Kassettenrecorder kommt).

Tauziehen
Zwei Clowns spielen Tauziehen. Mitten in der größten Anstrengung schneidet ein dritter das Seil durch und beide fallen mit viel Geschrei auf die Nase.

Der Zauberer Hokuspokus
Auch ohne viel Üben lassen sich verblüffende Kunststücke vorführen. Anregungen dazu finden Sie in vielen Büchern, die zum

Thema Zaubern angeboten werden. Daß dieser „Hokuspokus“ eigentlich ganz einfach ist, zeigen die folgenden Beispiele, die von den Kindern in kurzer Zeit einstudiert werden können.

Schwebender Zauberstab

Der Zauberer legt den Zauberstab auf den Tisch. Mit der linken Hand umfaßt er das rechte Handgelenk (Abb. 1) mit der Bemerkung: „Ich umfasse mein Handgelenk kräftig, um auf diese Weise magnetische Ströme zu erzeugen.“ Dann dreht er die rechte Hand um, so daß das Innere der Hand nach oben zeigt. „Bitte lege den Zauberstab in meine rechte Hand“, bittet er einen Zuschauer. Nun dreht er in einem etwas größeren Bogen die Hand mit dem Zauberstab um, so daß nur der nach oben zeigende Handrücken zu sehen ist. Der Zauberstab schwebt an der Hand (Abb. 3).

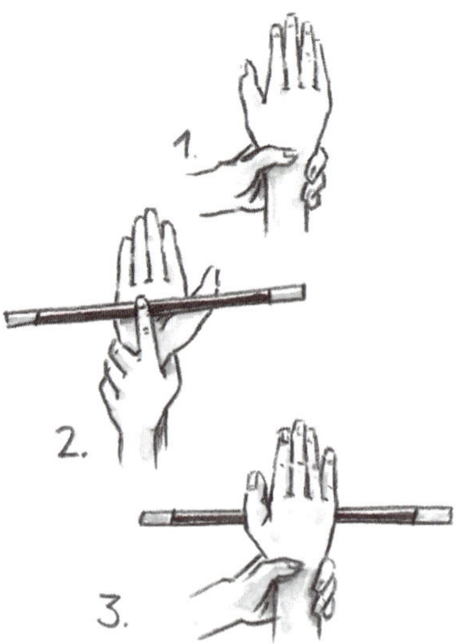

Lösung: Während der Drehbewegung legt der Zauberer unauffällig den Zeigefinger (linke Hand) auf den Zauberstab (Abb. 2), so daß der Stab „schweben“ kann (Abb. 3). Nach kurzer Zeit läßt der Zauberer den Zauberstab auf den Tisch fallen. Dabei zieht er den Zeigefinger wieder in die Ausgangsstellung zurück.

Durch den Trichter blasen

Der Zauberer fordert einen Zuschauer auf, durch einen Trichter hindurch eine Kerze auszublasen. Ganz instinktiv wird der Zuschauer die Mitte der Trichteröffnung auf die Flamme richten, und was passiert? Nichts, die Kerze brennt lustig weiter.

Lösung: Die Kerze flackert nicht einmal, denn die durchgeblasene Luft wird im konischen Teil

des Trichters gestreut und entweicht entlang der Trichterwand. Damit das Auspusten der Flamme gelingt, muß der Rand des Trichters auf sie gerichtet werden.

Magisches M

Der Zauberer sagt: „Zauberei gehört in das Fach ‚Magie'. Die Natur hat uns bereits das M in die Hand gegeben. Betrachtet man die Innenflächen der Hände, so ist darin das M zu sehen. Ich will nun zeigen, wie magisch dieses M bei einem Zauberer erscheinen kann." Der Zauberer brennt ein Stück Papier im Aschenbecher an. Dann nimmt er die Aschenteile, legt sie auf die Innenseite der linken Hand und zerreibt die Asche etwas mit den Fingerspitzen der rechten Hand. Nun wird die Asche über den Aschenbecher abgeschüttelt. Auf der linken Handfläche ist das M deutlich dunkel gefärbt zu sehen.

Lösung: Der Zauberer hat zuvor mit einem etwas feuchten, spitzen Stück Seife das M dick auf seine Handfläche gemalt. Die Asche bleibt dadurch auf der inzwischen leicht angetrockneten Seife hängen.

Der kleinste Mann der Welt

Für diese Nummer werden zwei Spieler benötigt. Der erste steht hinter einem Tisch, der vorne zugehängt ist. Der Spieler trägt eine weite Jacke oder einen Pullover. Er hat jedoch seine Hände nicht durch die Arme dieses Kleidungsstückes gesteckt, sondern in ein Paar Schuhe, das vor ihm auf dem Tisch steht. Auf dem Kopf trägt er eine Mütze oder einen großen Hut.

So müssen sich die beiden Mitspieler beim „kleinsten Mann der Welt“ hinstellen.

Hinter dem ersten Spieler steht ein zweiter, der seine Arme um den ersten Spieler herum in die Ärmel der Jacke oder des Pullovers steckt. Er kann nun mit seinen Armen fuchteln und die Reden des „kleinsten“ Mannes“ sinnvoll untermalen.
Weil die Zuschauer verblüfft denken, der kleinste Mann stehe auf dem Tisch und zudem die Arme oft recht seltsam rumfuchteln, wird es viel Gelächter geben.

Seiltänzer
Besonderen Applaus erhalten in der Regel die Seiltänzer.
Die Artisten haben die Aufgabe, über ein auf dem Boden ausgelegtes Seil möglichst dramatisch zu balancieren. Dazu halten sie einen aufgespannten Regenschirm in der ausgestreckten Hand. Aus Kreppapier kann ein kurzes Röckchen gezaubert werden. Musik aus dem Kassettenrecorder unterstreicht die Wirkung des Auftritts.

Die große Raubtierschau
Alle mitgebrachten Stofftiere werden nun zur großen gemischten Raubtierdressur in die Manege gebracht. Bei älteren Kindern spielen die Kinder selbst die Raubtiere.

Zwei Kinder übernehmen die Rolle der Dompteure. Sie lassen die Bestien durch Reifen springen, über Besenstiele hüpfen und balancieren usw. Natürlich werden die besonders gefährlichen Dressurakte von der Kapelle mit einem Trommelwirbel untermalt.

Pause
Jetzt ist es Zeit für eine Pause, die in keinem Zirkus fehlen darf. Die Kinder essen ihr Eis am Stiel und stillen ihren Durst. Große Begeisterung können Sie auslösen, wenn zusätzlich noch ein Losverkäufer herumgeht und jeder Darsteller ein Los für ein kleines Geschenk erhält. Nach der Pause geht es dann mit einigen Gemeinschaftsspielen weiter.

Welches Tier ist das?
Ein Kind stellt pantomimisch ein Tier dar (bei jüngeren Kindern kann auch die Stimme mitbenutzt werden). Die anderen Kinder versuchen zu raten, welches Tier gemeint ist. Wenn dies nicht glückt, darf das Kind durch weitere Gesten das Raten erleichtern. Wer das Tier erraten hat, darf das nächste Rätsel aufgeben. Das geht so lange, bis jeder ein Tier dargestellt hat.

Elefanten tränken
Die Kinder teilen sich in zwei große Gruppen und stellen sich an einem Ende des Zimmers auf. Neben jeder Mannschaft steht ein Eimer mit Wasser. Die jeweils ersten Spieler erhalten einen Eßlöffel und die Instruktion:
„Die Elefanten sind durstig und brauchen Wasser. Schöpft diesen Löffel voll und bringt ihn zu den Elefanten, die sich auf der anderen Seite des Raums befinden. Gießt das Wasser in die leere Schüssel eurer Mannschaft und lauft dann schnell

zurück und übergebt den Löffel dem nächsten."
Sieger ist die Gruppe, die zum Schluß am meisten Wasser transportiert hat. (Meßbecher bereithalten)

Verzauberte Kinder
Ein Kind spielt den Zauberer. Es bekommt einen Kochlöffel als Zauberstab. Dieser hat die Macht, jeden, den er berührt, versteinern zu lassen.
Aufgabe des Zauberers ist es, möglichst schnell alle Kinder zu verzaubern. Die anderen bewegen sich (ohne zu rennen) durch den Raum. Wer von dem Zauberstab berührt wird, muß sofort unbeweglich stehen bleiben.
Die noch nicht verzauberten Kinder können die Statuen durch Antippen wieder erlösen. Sie müssen aber gleichzeitig aufpassen, nicht selbst verzaubert zu werden. Der Zauberer hat gesiegt, wenn es ihm gelungen ist, alle Kinder zu verzaubern.

Masken bemalen
Wer eine Ruhepause einführen will, kann mit einfachsten Mitteln vorgestanzte Tiermasken bemalen und gestalten lassen (Filzstifte, Wasserfarben, Pinsel bereitstellen). Nach dem Bemalen werden die Masken durch ein Hutgummiband „anziehbar" gemacht. Man kann sich vorstellen, wie stolz die Kinder mit ihren selbstbemalten Masken nach Hause gehen.

Rakete steigen lassen
Für das Geburtstagskind, seine Mutter oder für die Spieler kann eine Rakete gezündet werden. Das geht so: Der Spielleiter streckt abwechselnd links und rechts seinen Arm aus. Jedesmal, wenn das geschieht, wird einmal in die Hände geklatscht. Durch das gesteigerte Tempo wird auch das Klatschen beschleunigt. Jetzt wird auf Tisch, Oberschenkel oder Brust getrommelt, mit den Füßen getrampelt und zum Schluß ein lautes Ah ausgerufen.

Speisevorschläge

Zum Kaffee gibt es eine mit Schokoladenclowns oder -tieren verzierte Geburtstagstorte. Oder Sie servieren Eis.

In der Pause erfreuen Sie die Kinder mit selbst hergestelltem Popcorn (süß oder salzig).

Es duftet nach Popcorn

Sie brauchen Maiskörner (aus dem Reformhaus), etwas Kokosfett (oder Pflanzenöl), Puderzucker oder Salz, Topf (oder durchsichtige Auflaufform) mit Deckel.

Wenn vorhanden, nehmen Sie eine kleine Elektroplatte, die in die Mitte des Kreises gestellt wird. Nun kann es losgehen!

In den Topf geben Sie etwas Kokosfett, erhitzen es und füllen so viele Maiskörner hinein, daß der Topfboden gerade bedeckt ist. Dann müssen Sie sofort den Deckel auf den Topf geben! Denn bald schon beginnen die Maiskörner mit großem Getöse hochzuspringen. Groß ist das Erstaunen, wenn der Deckel gelüftet wird. Aus den wenigen Maiskörnern ist ein Topf voller weißer Popcornflocken geworden. Jetzt wird Puderzucker oder etwas Salz darüber gestreut. Und nun genießen alle das Popcorn.

Nach der Vorstellung servieren wir eine Schokoladenkußtorte. Dazu brauchen wir eine Springform, deren Boden mit Schokoladenküssen ausgefüllt wird. Durch vorsichtiges Ausgießen mit Zuckerguß werden diese miteinander verbunden.

Darauf kommt die nächste Schicht Schokoladenküsse, die in der gleichen Weise miteinander verbunden werden. Um einen pyramidenförmigen Aufbau zu erreichen, nehmen wir für jede Lage einige Schokoladenküsse weniger. Den Abschluß bildet ein Schokoladenkuß, in den wir ein Fähnchen stecken.

Für das Abendessen sind leckere Spaghetti mit einer sämigen Tomatensoße vorgesehen, zu denen es eine Schüssel voller kleiner Hackfleischbällchen gibt.

Geschenktips

- Otfried Preußler und Herbert Lentz: Die dumme Augustine, K. Thienemanns Verlag. Dieses teure, jedoch sehr ansprechend aufgemachte und liebenswert erzählte Bilderbuch schildert das Leben einer Artistenfrau, die – als sie nötig gebraucht wird – einspringt und die Leute im Zirkus zum Lachen bringt. Das Buch eignet sich auch zum Vorlesen und zum improvisierten Nachspielen.

- Claude Delafosse (Idee), C. und D. Millet: Der Zirkus, Meyers kleine Kinderbibliothek.
- Ursula Scheffler (Hrsg.): Leselöwen-Zirkusgeschichten, Loewe-Verlag.
- Hanne Turowski: Der getupfte Spitz. Was Zirkustiere berichten, Georg Bitter Verlag.
- Dieter Hajek: Der kunterbunte ABC-Zirkus, ABC-Zirkus Ausmalblock, Baumhaus Verlag.
- Ein Zirkuswagenset aus dem Wiking-Spielzeugprogramm.
- Stelzen.
- Holzstempel mit Tiermotiven; Exlibris-Stempel (Baumhaus-Verlag).
- Schablonenplatte zum Nachzeichnen verschiedener Tiere.
- Gutschein für einen Besuch im Zirkus.
- Jonglierbuch und -bälle.

Der Schatz vom Silbersee

Im Alter von neun bis zwölf Jahren interessieren sich die meisten Jungen und Mädchen für das Leben der Indianer. Es liegt deshalb nahe, diese Vorliebe aufzugreifen und einen Kindergeburtstag einmal als Indianerfest zu planen.

Dabei sind natürlich nicht die „kriegerischen“ Fähigkeiten der kleinen Cowboys und Indianer gefragt, sondern ihr Spürsinn wird mit einer Schatzsuche auf die Probe gestellt.

Sich außerhalb der Faschingszeit einmal als Indianer oder Cowboy zu verkleiden, wird den Kindern zusätzlich Spaß machen.

Einladung

Da Indianer kein Papier kannten, wird die Einladung auf „Pergament“ geschrieben. Dazu schneiden Sie eine entsprechende Anzahl 25 bis 30 cm lange Stücke von einer Rolle Butterbrotpapier ab.

Das Geburtstagskind schreibt darauf die Einladungen – am besten mit Filzstift. Um das Ganze noch echter wirken zu lassen, werden zum Schluß die Ränder angesengt, das Papier zusammengerollt und mit einem Stück bunter Schnur verschlossen.

Planung

Gerade beim Indianerfest bietet es sich an, einen Teil der Aktivitäten ins Freie zu verlegen. Wer einen Garten hat, sollte diesen – wenn die Witterung es zuläßt – mit einbeziehen. Steht Ihnen diese Möglichkeit nicht zur Ver-

So sieht eine echt „indianische“ Einladung aus.

fügung, kann natürlich auch in der Wohnung gefeiert werden.

Alle Kinder erhalten zu Beginn dieser Geburtstagsfeier einen selbstgefertigten Kopfschmuck. Dazu werden 5 cm breite Kartonstreifen, die etwa 40 cm lang sind, an den Enden mit Hutgummi verbunden. Wenn vorhanden, kann in einen dafür vorbereiteten Schlitz eine Gänsefeder gesteckt werden. Eine aus Pappe gefertigte und entsprechend bemalte Imitation erfüllt aber auch ihren Zweck. Auf den Kartonstreifen wird später der vom Kind gewählte Indianername mit bunten Stiften geschrieben.

Außerdem stellen Sie noch eine Kiste mit Kleidungsstücken be-

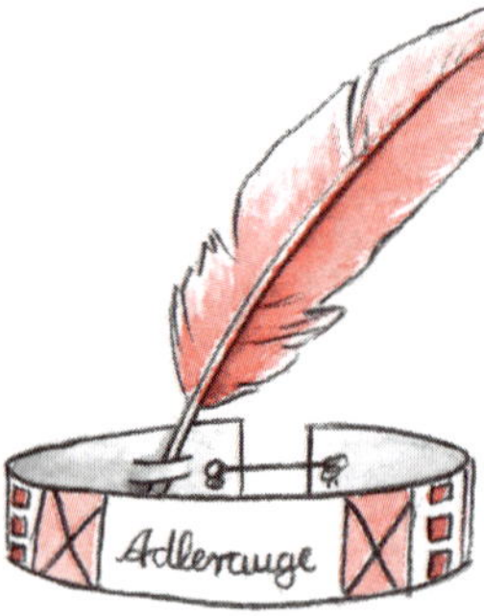

Kopfschmuck für einen Geburtstagsindianer.

reit, damit sich die Kinder, die keine Indianer- oder Cowboyausrüstung haben, auch verkleiden können.

Zur Einstimmung auf das Thema beginnt das Fest mit einem kurzen Indianerquiz. Dann stärken sich die Gäste erst einmal an der Kaffeetafel. Anschließend erfolgt die Namensgebung. Um die Namensvorschläge für alle sichtbar zu notieren, sollten Sie Packpapier oder eine alte Tapetenrolle und einen dicken Filzstift bereithalten.

Diese Materialien können Sie dann beim Lernen der Indianerzeichen gleich noch einmal gebrauchen.

Im Mittelpunkt des Nachmittags steht die Suche nach dem Silberseeschatz. Der Schatz enthält Süßigkeiten und kleine Geschenke wie Kaugummi, kleine Hefte, Bleistiftspitzer, lustige Radiergummis, Lakritzpfeifen (die später als Friedenspfeifen geraucht werden können) u.a. Für jedes Kind sollten zwei bis drei Geschenke besorgt werden.

All diese Kleinigkeiten werden in Gold- oder Alufolie verpackt und jedes mit einer Nummer versehen. Das Ganze kommt in einen hübsch beklebten Karton, die Schatztruhe. Für die spätere Verlosung des Schatzes müssen außerdem noch Lose mit den entsprechenden Nummern vorbereitet werden.

Die Gestaltung der Schatzsuche richtet sich in erster Linie nach den räumlichen Gegebenheiten. Zur Verwirklichung des in diesem Kapitel vorgestellten Vorschlags, müssen Sie vor dem Fest noch folgende Vorbereitungen treffen:

- Sechs Botschaften an die „Apachen“ müssen geschrieben und z.T. gezeichnet werden (Text siehe Kapitel Spielvorschläge).
- Vier dieser Botschaften müssen vor Eintreffen der Gäste (und ohne daß das Geburtstagskind es merkt!) versteckt werden:
  hinter dem Spiegel im Flur,
  in einem Handschuh,
  auf der Terrasse/dem Balkon und im Garten.

Der Schatz selbst liegt dann beispielsweise in der Garage.

Außerdem brauchen Sie noch:

- eine Plakette zum Anstecken mit einem großen A darauf,
- ein paar im Freien ausgelegte Indianerzeichen.

Zum Abschluß des Festes gibt es ein gemeinsames Würstchengrillen. Wenn möglich, sollte dafür ein Grillplatz im Freien vorbereitet oder aber eine entsprechende Möglichkeit in der Küche geschaffen werden.

Dekoration

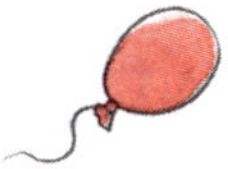

Papiergeschäfte verkaufen Servietten und Pappgeschirr mit Indianer- und Cowboymotiven. Dazu werden Tischkarten mit typischen Indianergegenständen bemalt. Als Motive bieten sich Zelte, Tomahawks, Friedenspfeifen, Federschmuck oder Halsketten an.

Bestimmt freuen sich die Gäste, wenn sie vor ihrem Platz einen Plastikindianer finden. Als Deko-

Tischkarte

ration für den Geburtstagstisch bieten sich selbstgebastelte größere „Wigwams“ an. Die Indianerfiguren sind in jedem Spielwarengeschäft erhältlich.
Besonders zünftig wird es, wenn die Möglichkeit besteht, im Garten oder auf der Terrasse ein Zelt aufzubauen, wohin sich die Indianer zur Beratung zurückziehen können.

■ Spielvorschläge

Indianerquiz
Vor dem Kaffeetrinken sammeln sich die Gäste zunächst zu einer kurzen Quizrunde. Dabei werden Fragen aus dem Leben der Indianer gestellt.
Hier einige Beispiele:

Fragen:
1. Wo leben die Indianer?
2. Was ist ein Wigwam?
3. Wer war Winnetou?
4. Was ist ein Tomahawk?
5. Was ist die Prärie?
6. Warum werden die Indianer „Rothäute“ genannt?
7. Was ist eine Squaw?
8. Welchen Kopfschmuck trugen die Indianer?
9. Wo leben die meisten Indianer heute?
10. Wie verständigen sich die Indianer über große Entfernungen hinweg?
11. Wie heißt der „Arzt“ der Indianer?
12. Was ist die traditionelle Bewaffnung der Indianer?
13. Welches Tier war die Hauptnahrungsquelle der Indianer?
14. Was ist ein Tabu?

Antworten:
1. *In Nord- und Südamerika oder Amerika.*
2. *Das Zelt der Indianer.*
3. *Der Häuptling der Apachen.*
4. *Das Kriegsbeil der Indianer; es wurde als Schlag- oder Schleuderwaffe verwendet.*
5. *Das nordamerikanische Grasland.*
6. *Wegen ihrer Bemalung.*
7. *Die Frau eines Indianers.*
8. *Federschmuck.*
9. *In Reservaten.*
10. *Mit Rauchzeichen oder Trommeln.*
11. *Medizinmann.*
12. *Pfeil und Bogen, Tomahawk.*
13. *Der Büffel oder Bison.*
14. *Ein Verbot.*

Namensgebung

Die Namen der Indianer sind nicht nur sehr bildhaft, sondern sie charakterisieren zugleich ihren Träger. So wird jemand, der „Schneller Fuß" heißt, ein besonders guter Läufer sein, ein Indianer mit dem Namen „Adlerauge" besonders scharf sehen können usw.

Solche Namen, die auch etwas über ihren Träger aussagen, sollen die Kinder jetzt für sich finden. Vater oder Mutter machen den „Spielleiter". Ein großes Stück Papier (Packpapier oder eine alte Tapetenrolle) wird an die Wand gehängt und dort alle Namensvorschläge aufgeschrieben. Die „Ratsversammlung" der Indianer(kinder) macht für jeden Gast Vorschläge, wie er denn heute als Indianer heißen soll.

Sind genügend Vorschläge notiert, wählt sich das Kind den Namen, der ihm am besten gefällt. Gefällt dem Kind keiner der bisher gemachten Vorschläge, müssen die anderen weitere Namen erfinden. So wird vermieden, daß ein Kind mit einem ungeliebten Namen vorlieb nehmen muß. So geht es weiter, bis jeder seinen Indianernamen bekommen hat. Dieser wird dann auf das Stirnband des Kopfschmuckes geschrieben.

Die Zeichensprache der Indianer

Aus Zweigen oder Steinen legt der Indianer Zeichen, durch die er sich mit seinen Stammesbrüdern verständigt. Einige dieser Waldläuferzeichen lernen die Kinder, bevor die eigentliche Schatzsuche losgeht.

Wieder wird ein großes Stück Papier an die Wand geheftet und alle Zeichen werden mit ihrer Bedeutung nacheinander hingeschrieben und erklärt. Wenn Sie den Eindruck haben, die Kinder haben Schwierigkeiten, sich die Zeichen zu merken, weisen Sie sie ruhig auf die Möglichkeit von Geheimnotizen, z.B. mit einem Kugelschreiber auf den Unterarm, hin.

Indianerzeichen

Die Schatzsuche

Die Geburtstagsgäste werden nun zum Stamm der Apachen, die mit Hilfe der entsprechend vorbereiteten Botschaften den Schatz aus dem Silbersee finden müssen. Die im folgenden geschilderte Schatzsuche ist dabei als Anregung für die Gestaltung eines solchen Spiels zu verstehen. Ob man es so oder besser anders organisiert, hängt von den jeweiligen räumlichen Möglichkeiten ab.

1. Botschaft

(Die Botschaft wird den Apachen ausgehändigt)

An die Apachen!

Edle Rothäute!

Es ist uns zu Ohren gekommen, daß ein paar geldgierige Schurken den im Silbersee eigentlich für immer begraben geglaubten Schatz gehoben haben und jetzt an einem geheimen Ort versteckt halten. Diesen Schatz sollt Ihr finden und wieder in die Hände seiner rechtmäßigen Besitzer, der Rothäute, bringen. Dazu müßt ihr mehrere Botschaften aufspüren und entschlüsseln.

Damit Ihr die nächste Botschaft findet, müßt Ihr alle Geburts-

tagsgäste beobachten. Ein Gast *(der vorher entsprechend informiert wurde)* trägt versteckt eine Plakette mit einem „A". Wenn Ihr diese Plakette entdeckt habt, dürft Ihr fragen: „Hast Du eine Botschaft an die Apachen?"
Dann werdet Ihr die 2. Botschaft erhalten.
Bitte nur beobachten!

2. Botschaft
(Diese Botschaft wird der Gruppe durch die Kontaktperson ausgehändigt. Falls es sich dabei um einen der Geburtstagsgäste handelt, kann er sich nun mit den anderen an der weiteren Schatzsuche beteiligen.)
Hier ist ein Rätsel. Löst es! Wenn Ihr richtig geraten habt, findet Ihr im Flur diesen Gegenstand.
Rätsel
Was du machst, das mach' auch ich:
wenn du lachst, dann lach' auch ich,
stehst du still, dann steh' ich auch,
gehst du, nun dann geh' ich auch.
Recke, rüttle, bücke dich,
strecke, dehne, schüttle dich;
was du tust, das tu' auch ich.
Sage, Rothaut, kennst du mich?

Wenn Ihr das Rätsel gelöst habt, geht in den Flur zu dem bezeichneten Gegenstand. Hinter diesem Gegenstand findet Ihr die 3. Botschaft.
Im Flur, z.B. hinter dem Spiegel wurde vorher die 3. Botschaft versteckt, die nun von der Gruppe gefunden wird.

3. Botschaft
Löst nun auch das 2. Rätsel!
Rätsel
Fünf Höhlen in einem Loch: rate, was ist das doch?
Seht Euch im Flur um. Der zu ratende Gegenstand liegt dort in der Nähe des Spiegels. Schaut hinein. In ihm ist die nächste Botschaft versteckt.
In einem Handschuh (die Lösung des 2. Rätsels), der in die Nähe des Spiegels gelegt wurde, findet die Indianergruppe dann die 4. Botschaft.

4. Botschaft
Damit Ihr den nächsten Ort erraten könnt, an dem eine weitere Botschaft versteckt ist, müßt Ihr eine verschlüsselte Nachricht lesen.
Die Nachricht lautet:
ZA RU ZI ZI RO ZE ZE RU

Glücklicherweise ist der Schlüssel versehentlich bei der Nachricht liegen geblieben.
Er lautet:

	O	I	E	A	U
R	a	b	c	d	e
D	f	g	h	i	k
F	l	m	n	o	p
Z	q	r	s	t	u
N	v	w	x	y	z

Könnt Ihr jetzt die Nachricht lesen?
Ein Tip noch: ein V in dieser Geheimschrift ist NO, ein M = FI.
Wenn Ihr die Geheimschrift entschlüsselt habt, geht zu dem Ort, der genannt wird. Dort ist die nächste Botschaft versteckt.
Falls die Kinder trotz der Hinweise nicht auf den Schlüssel für die Geheimschrift kommen, sollten die Eltern Hilfe leisten.
„Jeder Buchstabe wird durch zwei andere ersetzt, jeweils einen Mitlaut und einen Selbstlaut. Die Mitlaute stehen links von der Tabelle und geben an, in welcher Reihe der verschlüsselte Buchstabe zu finden ist. Durch die Selbstlaute oben über der Tabelle wird die Spalte bestimmt. Wo Reihe und Spalte sich kreuzen, findet Ihr den gesuchten Buchstaben."
Das hier verschlüsselte Wort heißt: „Terrasse"; dort wurde die nächste Botschaft versteckt. Natürlich ist auch jeder andere Ort geeignet, nur muß dann das Buchstabenrätsel entsprechend geändert werden.

5. Botschaft

1. Rechnet bitte:
25 x 12 = ? x 3 = ? x 10 = ? – 4873 = ?

2. Das Ergebnis Eurer Rechenaufgabe ist eine Telefonnummer. Laßt sie durch die Mutter des Geburtstagskindes überprüfen.

3. Ruft diese Nummer an.
Meldet Euch so:
„Hier sind die Apachen.
Haben Sie eine Nachricht für uns?"

4. Merkt Euch die Antwort und verabschiedet Euch mit:
„Hugh, ich habe gesprochen!"

Durch die Rechnung kommt eine Telefonnummer heraus. Wir bit-

ten eine Kontaktperson, beim Anruf zu sagen:
„Verlaßt Euren Wigwam. Wenn Ihr aus der Haustür heraustretet, werdet Ihr ein Indianerzeichen entdecken. Folgt ihm, es wird Euch den Weg zur nächsten Botschaft zeigen."
(Natürlich müssen Sie eine entsprechend andere Telefonnummer einsetzen und deshalb bei der Vorbereitung eine andere Rechenaufgabe aufstellen.)
Die Indianerzeichen – ob man eines oder mehrere davon auslegt, hängt von der zu bewältigenden Wegstrecke ab – führen die Kinder zum Fundort der nächsten Botschaft. Vielleicht in den Garten?

6. Botschaft

Löst dieses Kreuzworträtsel!

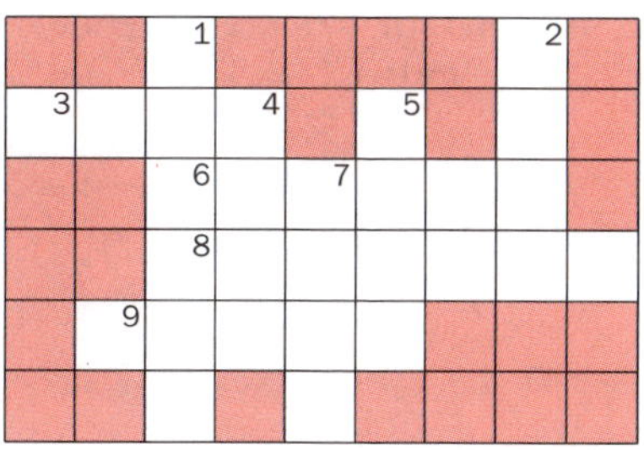

Waagrecht:
3. Wird vom Staffellauf weitergegeben *(Stab)*
6. Verschließbarer Schuppen für ein Auto *(Garage)*
8. Rufen die Menschen zum Gottesdienst *(Glocken)*
9. Trinkgefäß *(Kelch)*

Senkrecht:
1. Baumaschine *(Bagger)*
2. Tierfutter *(Klee)*
4. Spielzeug *(Ball)*
5. Abdeckung eines Hauses *(Dach)*
7. Kleidungsstück *(Rock)*

Wenn Ihr das Rätsel vollständig gelöst habt, meldet Euch bei der Mutter des Geburtstagskindes. Sie wird mit Euch zu 6 waagerecht gehen, wo der Schatz versteckt ist.
Der Schatz, der in der Garage versteckt ist, wird dann von der Gruppe gefunden. Haben Sie einen anderen Ort als Versteck des Schatzes gewählt, muß das Kreuzworträtsel natürlich entsprechend verändert werden.

Speisevorschläge

Zu Beginn stärken sich die Gäste für die Schatzsuche am vorgeheizten Grill. Es gibt Stockbrot. Dazu brauchen Sie daumendikke, ca. 70 cm lange, angespitzte Stöcke. Dann wird ein fester Hefeteig zubereitet, aus dem Sie kleine Kugeln formen, die Sie dann – zugedeckt – aufgehen lassen. Jede wird danach zu einer langen „Wurst“ ausgerollt und um einen Stock gewickelt und mit Öl bepinselt. Die Kinder drehen die Stöcke so lange über der Glut des Holzkohlengrills (Achtung: nicht zu nah an die Glut halten), bis das Brot sich vom Stock leicht lösen läßt.

Zum Abschluß des Indianerfestes können Würstchen gegrillt werden.

Geschenktips

- Ursula Wölfel: Der fliegende Stern, Ravensburger Buchverlag.
- Indianergeschichten, Ravensburger Buchverlag
- Jörg Sommer: Oxmox ox Mollox, Kinder spielen Indianer, Ökotopia Verlag.
- B. Nelich und D. Velte: Bastelideen für Indianerspiele, FALKEN Verlag
- Indianer, Braun & Schneider Verlag. Über 30 farbige, dreidimensionale Figuren zum Aufstellen.
- Sigrid Heuck: Büffelmann und Adlerkönig, Annette Betz Verlag.
- Kompaß.
- Videokassette des Spielfilms Free Willy.
- Indianerschmuck.
- Geburtstagskalender, Baumhaus-Verlag.

Jetzt geht es rund

Für heranwachsende Kinder stellt das Fahrrad einen wichtigen Besitz dar. Es verleiht ihnen Beweglichkeit und einen gewissen Grad von Unabhängigkeit. In der Grundschule gehört die Verkehrserziehung in den Unterrichtsablauf. Die meisten Eltern erlauben den Kindern – je nach deren Alter – auch allein oder mit Freundinnen und Freunden radzufahren.
Da viele Kinder ein Fahrrad besitzen und dieses auch schon recht gut beherrschen, bietet sich eine Geburtstagsrallye an. Dabei müssen die Teilnehmer eine bestimmte Strecke zurückgelegen, auf der sie zwischendurch eine Anzahl von Aufgaben zu lösen haben.

Einladung

DIN-A5-Blätter werden in der Mitte gefaltet. Auf die Titelseite kleben Sie ein Foto eines Fahrrades, das z.B. aus Katalogen und Prospekten ausgeschnitten werden kann. Bestimmt macht es dem Geburtstagskind Spaß, für jeden Gast das „passende" Fahrrad herauszusuchen.

Auf die Innenseite schreibt das Geburtstagskind die Einladung.

Einladungskarte

Liebe Dagmar!
In diesem Jahr lade ich Dich herzlich zu einer

GEBURTSTAGSRALLYE

ein.
Komm doch bitte am 15. August pünktlich um 14.15 Uhr mit Deinem Fahrrad zu uns.
Wir wollen nach einer kurzen Stärkung starten.
Wir werden um 19 Uhr wieder zurück sein.

Planung

Eine solche Rallye erfordert recht viel Planung und Vorbereitung. Sie sollten deshalb schon etwa vier Wochen vor dem Fest damit beginnen. Wenn sich die ganze Familie an der Suche nach der besten Strecke und den passenden Aufgaben beteiligt, kann das aber viel Spaß machen.

Wer auf dem Lande oder in einer kaum befahrenen Wohngegend lebt, wird wenig Schwierigkeiten haben, eine geeignete und entsprechend ungefährliche Rallyestrecke festzulegen. Schwieriger ist dies schon in Großstädten oder stark befahrenen Ortskernen. Hier sollten Sie in nahegelegene Parks ausweichen oder – wenn das nicht möglich ist – mit öffentlichen Verkehrsmitteln, in denen das Mitführen von Rädern erlaubt ist, in Randbezirke oder Naherholungsgebiete fahren.

Es ist günstig, einen Rundkurs zusammenzustellen. Dieser sollte entweder von der Wohnung des Geburtstagskindes oder von einem markanten Punkt ausgehen, damit die Kinder, falls sie sich verfahren, Passanten nach dem Weg fragen können. Und es sollte ein möglichst ebener Platz in der Nähe sein, auf dem eine Hindernisstrecke aufgebaut werden kann. Ganz wichtig ist es, sich vorher mit den Eltern der eingeladenen Kinder in Verbindung zu setzen und um das Einverständnis zur Teilnahme am Fahrradspiel zu bitten.

Damit möglichst wenig Zeit durch eine ausgiebige Kaffeetafel verloren geht, wird ein „Stehkaffee" vorbereitet. Auf einem Tisch stehen Kuchen, Getränke und Marschverpflegung. Jeder kann sich selbst bedienen. Die Reste der Kaffeetafel bleiben stehen, denn nach der ersten Etappe der Rallye sind die „Teilnehmer" sicher wieder hungrig und durstig. Als Marschverpflegung eignen sich leicht zu transportierende Lebensmittel wie Äpfel und eine kleine Tafel Schokolade.

Nach der Rallye geht es zu einem Ruheplatz (Grillhütte), wo die Siegerehrung stattfindet. Wenn der Start und das Ziel am Haus des Geburtstagskindes liegen, kann dafür der Garten oder die Terrasse hergerichtet werden.

Für die Rallye selbst müssen folgende Vorbereitungen getroffen werden (siehe nächste Seite).

1. Auswahl der geeigneten Strecke

Die Bewältigung des Rundkurses sollte nicht länger als 15 Minuten reine Fahrzeit erfordern, so daß die Kinder mit der Zeit, die sie zur Durchführung der Aufgaben brauchen, eine halbe bis maximal eine dreiviertel Stunde unterwegs sind.

2. Markierung der Wegstrecke

Am Morgen vor dem Fest wird die Strecke mit grünen und roten Pfeilen (aus Pappe ausschneiden) gekennzeichnet. Die grünen Pfeile sind die Richtungsangaben, die roten Pfeile markieren die Aufgaben.
Wie viele Pfeile Sie insgesamt brauchen, hängt von der Zahl der Richtungsänderungen und der vorgesehenen Aufgaben ab. Planen Sie aber lieber ein paar Pfeile mehr ein, damit die Kinder nichts übersehen.

3. Aufgaben zusammenstellen

Auf der Wegstrecke sollen von den Kindern fünf bis sechs kleine Aufgaben gelöst werden. (Anregungen zu möglichen Aufgabenstellungen finden Sie im Kapitel Spielvorschläge.)
Die Aufgaben werden auf einen Zettel geschrieben, und jedes Kind erhält eine Kopie davon. Damit das Notieren der Ergebnisse nicht zu schwierig wird, kleben Sie diese Zettel auf etwas festerem Karton, z.B. von einem Zeichenblock, und binden einen Kugelschreiber dran.

4. Der Aufbau eines Hindernisparcours

Während die Kinder „auf der Strecke sind“, bauen Helfer auf einem möglichst ebenen Platz den Hindernisparcours für die zweite Etappe der Rallye auf. (Vorschläge, wie ein solcher Parcours aussehen kann und welche Materialien Sie dafür benötigen, finden Sie ebenfalls im Kapitel Spielvorschläge.)
Außerdem sollten Sie noch bereitstellen:

- Einen Erste-Hilfe-Kasten, falls es Verletzungen geben sollte.
- Telefongroschen oder -karte für jeden Mitspieler, damit die Kinder sich melden können, falls auf der Strecke irgendetwas Unvorhersehbares passiert. Bitte achten Sie darauf, daß unter der angegebenen Telefonnummer auch tatsäch-

lich jemand zu erreichen ist und diese Person zur Not auch Hilfe leisten kann.

Und nun kann die Rallye starten!

Dekoration

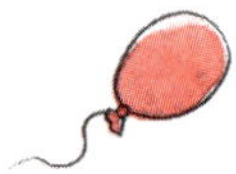

Start und Ziel können Sie mit Fahrradwimpeln schmücken, die später an die Kinder verteilt werden. Da nur ein Stehkaffee und zum Abschluß ein Picknick vorgesehen sind, erübrigen sich eine aufwendige Tischdekoration oder Tischkarten.

Spielvorschläge

Der Rallyekurs

Die Teilnehmer starten im Abstand von fünf Minuten. Die genaue Abfahrtszeit eines jeden wird notiert, ebenso natürlich die Ankunftszeit.

Jedes Kind erhält bei der Abfahrt einen Plastikbeutel mit folgendem Inhalt:

- Das auf Pappe aufgeklebte Blatt mit den Rallye-Aufgaben und einen Kugelschreiber an einer Schnur.
- Materialien, um das Fahrrad zu schmücken; zwei Rollen verschiedenfarbiges Kreppapier, ein paar Bierdeckel und Klebeband.
- Telefongroschen und Telefonnummer für Notfälle.
- Eine nicht zu große Papiertüte für die Aufgabe Nr. 6.
- Marschverpflegung.

Die Aufgaben, die es zu bewältigen gilt, können etwa folgendermaßen aussehen:

Herzlich Willkommen zu unserer Rallye!

Um die Rallyestrecke zu bewältigen, mußt Du immer den grünen Pfeilen folgen. Ein roter Pfeil zeigt Dir an, daß nun eine Aufgabe folgt. Dann sieh auf diesem Zettel nach, was als nächstes dran ist. Hier gleich Deine erste Aufgabe:

1. Aufgabe:

Fahre immer den grünen Pfeilen nach. Mache für jeden grünen Pfeil, den du siehst, einen Strich auf diesen Zettel. Wie viele Pfeile sind es vom Start bis zum ersten roten Pfeil?

Ergebnis: ____________________

(Auswertung: 20 Punkte für die

richtige Antwort; jede Abweichung von der richtigen Zahl ergibt einen Punkt Abzug.)

2. Aufgabe:
Wenn Du am Tennisplatz (der Kirche, dem Museum ...) vorbeikommst, halte an. Wie sind die Öffnungszeiten?
Ergebnis: ____________________

____

____

(Auswertung: 20 Punkte für die vollständige und richtige Lösung, 10 Punkte, wenn nur eine Teillösung vorliegt.)

3. Aufgabe:
Folge weiter den grünen Pfeilen. Wenn Du in den Feldweg eingebogen bist, halte beim roten Pfeil an und schmücke Dein Rad mit dem Kreppapier und den Bierdeckeln.
(Auswertung: bis maximal 100 Punkte, je nach Schönheit des Schmuckes.)

4. Aufgabe:
Der nächste rote Pfeil ist an einem Baum befestigt. Was für ein Baum ist das?
Male ihn ab.
Ergebnis: ____________________
(Auswertung: je 20 Punkte für die richtige Lösung und das Bild.)

5. Aufgabe:
Kurz hinter dem nächsten roten Pfeil geht eine Straße rechts ab. Wie heißt diese Straße, und welche Hausnummer hat das 3. Haus? Wie heißen die Leute, die das Haus bewohnen?
Ergebnis: ____________________
Straße: ____________________
Hausnummer: ____________________
Name: ____________________
(Auswertung: 10 Punkte für jede richtige Antwort, also maximal 30 Punkte.)

6. Aufgabe:
Sammle auf dem letzten Teil der Strecke möglichst viele Dinge, die mit „K“ anfangen. Sie dürfen allerdings nicht zu groß sein, denn sie müssen alle in die Papiertüte passen.
(Auswertung: Es gibt 10 Punkte für jeden richtigen Gegenstand und 20 Punkte für besonders originelle Lösungen.)

Bei der letzten Aufgabe kann jedes Kind einen anderen Buchstaben bekommen. Man sollte allerdings darauf achten, daß der

Schwierigkeitsgrad nicht zu unterschiedlich ausfällt.
Wenn die Kinder das Ziel erreichen, wird die Zeit notiert. Bis alle eingetroffen sind, stärken sich die Gäste beim „Stehkaffee“ mit erfrischenden Getränken.
Die Auswertung für die Rallye kann wie die Tabelle unten aussehen.

Teilnehmer	Petra	Dagmar	Sylvia	Stephan
Abfahrt	15.30	15.35	15.40	15.45
Ankunft	16.10	16.10	16.25	16.15
Zeit	40 min	35 min	45 min	30 min
Zeitpunkte	2	3	1	4
1. Aufgabe	20	18	20	15
2. Aufgabe	20	20	20	20
3. Aufgabe	70	40	100	60
4. Aufgabe	–	20	–	20
5. Aufgabe	20	30	30	10
6. Aufgabe	50	60	30	70
Summe	182	191	201	199
Minuspunkte				
Gesamtergebnis				

Da die Zeit bei dieser Rallye nicht überbewertet werden soll, gibt es lediglich eine Rangreihe. Das schnellste Kind bei z.B. zehn Teilnehmern erhält 10 Pluspunkte, das nächstschnellste 9 Punkte usw. Die Vergabe der Punkte für die Rallyeaufgaben drei und sechs erfolgt gemeinschaftlich durch Abstimmung.

Der Hindernisparcours
Der zweite Teil der Rallye besteht aus einem Parcours mit Hindernissen, der entweder möglichst schnell oder möglichst fehlerfrei zu bewältigen ist. Jeder Fehler bringt natürlich Minuspunkte, deren Summe dann von den im ersten Teil erzielten Pluspunkten abgezogen wird. Wenn die Zeit reicht und die Kinder Lust dazu haben, können auch zwei Durchgänge stattfinden.
Der Parcours kann z.B. folgendermaßen aussehen:
Der Start wird durch eine deutlich markierte Linie gekennzeichnet. Die Kinder, die gerade nicht „dran“ sind, stellen sich als Hindernisrichter entlang der Strecke auf und notieren die Fehler. (Papier und Stifte bereithalten!) So ist gesichert, daß auch diejenigen, die den Parcours schon bewältigt haben, weiterhin aufmerksam dabei sind.

1. Aufgabe: Ein paar Meter hinter dem Start beginnt eine S-förmige Kurvenstrecke, die so angelegt sein soll, daß es schon eine gewisse Geschicklickeit erfordert, sie fehlerfrei zu passieren. Wenn der Untergrund aus Asphalt besteht, kann man die Strecke mit Kreide aufzeichnen. Sonst wird der Streckenverlauf mit Fahrradwimpeln oder Steinen gekennzeichnet.
Auswertung: Jedes Berühren der Abgrenzung bringt 1 Minuspunkt. Das Absteigen vom Fahrrad oder das Verlassen der Strecke 5 Minuspunkte

Die S-förmige Rallyestrecke kann mit Kreide auf den Boden gemalt, mit Steinen begrenzt oder mit Wimpeln gekennzeichnet werden. Vergessen Sie den Start- und Zielstrich nicht!

2. Aufgabe: Unter einem Tor durchfahren, ohne die, oben lose aufgelegte, Stange herunterzuwerfen.
Auswertung: 1 Minuspunkt für das Berühren der Stange, auch wenn diese nicht herunterfällt. 5 Minuspunkte, wenn die Stange herunterfällt.

Beim Tor zum Hindurchfahren (2. Aufgabe) sollte die Querlatte in ca. 125 cm Höhe ganz locker auf zwei Nägeln liegen.

3. Aufgabe: Drei Hindernisse in einer bestimmten Zeit überwinden. Dabei muß das Fahrrad über die Hindernisse, z.B. drei stabile, nicht zu hohe Holzkisten, getragen werden. (Vorher ausprobieren, in welcher Zeit sich das schaffen läßt und dies als Höchstzeit ansetzen.)
Auswertung: Jede Sekunde Überschreitung der Höchstzeit ergibt 1 Minuspunkt. Da bei dieser Aufgabe die Zeit gestoppt werden muß, sollte möglichst ein Erwachsener Hindernisrichter sein.

4. Aufgabe: Dieselbe Strecke, die eben noch als Hindernisstrecke gedient hat, wird mit zwei Handgriffen in eine Schnellstrecke verwandelt. Dazu wird die mittlere Kiste entfernt und die beiden anderen an den Rand gerückt.
Aufgabe ist jetzt, diese Strecke so schnell wie möglich dreimal zu durchfahren. Jeweils am Ende der Strecke, angezeigt durch die Kisten, muß gewendet werden. Ob die Kinder absteigen oder eine enge Kurve fahren, bleibt ihnen selbst überlassen. Auch hier wird die Zeit gestoppt.
Auswertung: Wieder wird durch vorheriges Ausprobieren eine Höchstzeit festgesetzt, in der die Strecke durchfahren werden muß. Jede zusätzliche Sekunde ergibt 1 Minuspunkt.

Zwar sollte die Zeitnahme bei den Aufgaben 3 und 4 durch einen Erwachsenen oder ein älteres Kind erfolgen (nach Möglichkeit mit einer Stoppuhr), aber die anderen Rallyeteilnehmer können hier als Protokollanten eingesetzt werden.

5. Aufgabe: Der Fahrer bekommt einen Klöppel in die Hand und muß vom fahrenden Rad aus einen Gong anschlagen, der in einer passenden Höhe, z.B. an einem Ast, aufgehängt wurde. Hat er den Gong angeschlagen, ist er am Ziel.
Auswertung: Jeder fehlgeschlagene Versuch, den Gong zu treffen, wird mit 5 Minuspunkten geahndet; drei Versuche sind erlaubt.

Der Gong wird an einem Ast oder einem Pfosten befestigt.

Siegerehrung
Nach Abzug der Minuspunkte aus dem Hindernislauf von den Pluspunkten der Rallye, steht der Sieger fest, der dann entsprechend geehrt wird. Eine der Kisten aus dem Hindernislauf wird zum Siegerpodest, der Zweite

und Dritte stellen sich rechts und links davon auf. Wer Lust hat, kann auch Siegerurkunden und Medaillen (z.B. Schokoladentaler) verteilen. Auf jeden Fall sollte man für jeden Teilnehmer ein kleines Geschenk (z.B. preiswerte Zusatzteile für das Fahrrad) besorgen. Das Geschenk für den Sieger fällt entsprechend etwas aufwendiger aus.
Anschließend werden die Fahrradwimpel der Dekoration an die Kinder verteilt und der Nachmittag mit einem Würstchengrillen beschlossen.

Speisevorschläge

Zum Stehkaffee gibt es Kuchen, Früchtetee oder Fruchtsäfte. (Die Getränke können auch in Fahrradflaschen gefüllt werden.)
Als Marschverpflegung bekommt jedes Kind einen knackigen Apfel und Kekse oder einen kleinen Müsliriegel mit.
Für das Picknick wird ein deftiger Nudelsalat mit Wursteinlage zubereitet. Dazu gibt es Baguette.

Geschenktips

- Rob van der Plas: Das Fahrrad, Ravensburger Buchverlag
- Maurice Sendak; Higgelti, Piggelti Pop, MC von Igel Records.
- Ein Digitaltachometer
- Ein Fahrradhelm (GS-geprüft; muß mit dem Kind anprobiert werden).
- Ein Gutschein für einen Fahrradausflug mit der ganzen Familie.

Traumreise

Im Zeitalter des Massentourismus sind die meisten Kinder schon erfahrene Reisende. Fast jeder hat schon einmal eine Auslandsreise gemacht, viele sogar im Flugzeug. Reiseberichte im Fernsehen, die uns die entlegensten Winkel der Erde ins Wohnzimmer bringen, tragen zusätzlich dazu bei, daß die Kinder eine Menge über ferne Länder und fremde Völker wissen. Was liegt also näher, als ein Kinderfest für die Zehn- bis Zwölfjährigen einmal als Phantasiereise um die Welt zu gestalten.

Einladung

Da es bei diesem Fest einiges zu raten und zu wissen gilt, werden die Gäste schon mit der Einladungskarte darauf eingestimmt. Daß es dabei um Reisen geht, symbolisiert der Koffer mit den vielen Städtenamen. Die fehlenden Buchstaben ergeben, richtig ergänzt, das Motto des Festes: „Wir reisen um die Welt".
Ein DIN-A4-Blatt wird quer gefaltet. Auf die Vorderseite wird der Koffer mit den Städtenamen geklebt. Wenn Sie nicht für jede Einladungskarte einen extra Koffer zeichnen möchten, reicht es auch, wenn Sie eine Vorlage herstellen, die in ausreichender Anzahl kopiert und dann jeweils auf die Einladung geklebt wird. Das Geburtstagskind darf dann jeden Koffer mit Filzstiften bunt bemalen.

Die Einladungskarte ist gleichzeitig ein Rätsel. Die fehlenden Buchstaben in den Städtenamen ergeben das Motto des Geburtstages: Wir reisen um die Welt.

Oben auf der Titelseite steht:

EINLADUNG

Dann wird der Koffer aufgeklebt und zum Schluß unten eine ge-

strichelte Linie gezeichnet, wo die Kinder den Lösungsspruch hinschreiben. Dabei steht für jeden Buchstaben ein Strich. Wortzwischenräume werden durch Lücken gekennzeichnet.
Auf die Innenseite kann dann die Einladung geschrieben werden.
Liebe Yvonne!
Am 15. März feiere ich meinen Geburtstag, zu dem ich Dich ganz herzlich einlade. Bitte sei pünktlich um 15.00 Uhr bei uns. Wenn Du die fehlenden Buchstaben auf den Kofferschildchen richtig ergänzt und hintereinander schreibst, erfährst Du das Motto des Festes.

Planung

Da die Spielrunde schon an der Kaffeetafel beginnt, hat die Dekoration bei diesem Fest gleich zwei Funktionen: zum einen den Tisch zu schmücken und zum anderen, den Gästen erste Hinweise auf das, nach dem Kaffeetrinken stattfindende, Verkleiden zu geben.
Die Tischkarte zeigt nämlich an, welche Tracht und Natinalität das Kind heute tragen wird. Deshalb empfiehlt es sich, zunächst einmal die Faschings- und Kleiderkiste hervorzuholen, um einen Überblick zu bekommen, welche

Figur	**Herkunftsland**	**Kleidungsstück**
Chinese	China	flacher Hut mit langem, schwarzem Zopf
Schotte	Schottland	Faltenrock
Ölscheich	z.B. Kuweit	Bettlaken und ein Stirnband
Amerikaner	USA	Cowboyhut, Kaugummi
Zigeunerin	z.B. Ungarn	langer, bunter Rock, Kopftuch
Türke	Türkei	Pumphosen, Fes
Neger	z.B. Uganda	Bastrock, schwarze Schminke
Inder	Indien	Turban
Tiroler	Österreich	Lederhosen, Sepplhut
Holländerin	Holland	Holzschuhe

Anregungen für Verkleidungen

Ausstaffierungsmöglichkeiten bestehen.
Wer keine Faschings- oder Kleiderkiste hat, kann auch die Einladung ergänzen: „Komm bitte in der Tracht eines fremden Landes, z.B. als Chinese, Schotte oder Holländer."
Der Phantasie sind hier keine Grenzen gesetzt und sicher macht es dem Geburtstagskind Spaß, die Kiste durchzusehen und Vorschläge, welches Kostüm zu welchem Gast paßt, beizusteuern.
Nachdem die Frage des Verkleidens geklärt ist, können die Tischkarten vorbereitet werden. Für dieses Reisefest gestalten Sie sie als kleine Koffer.

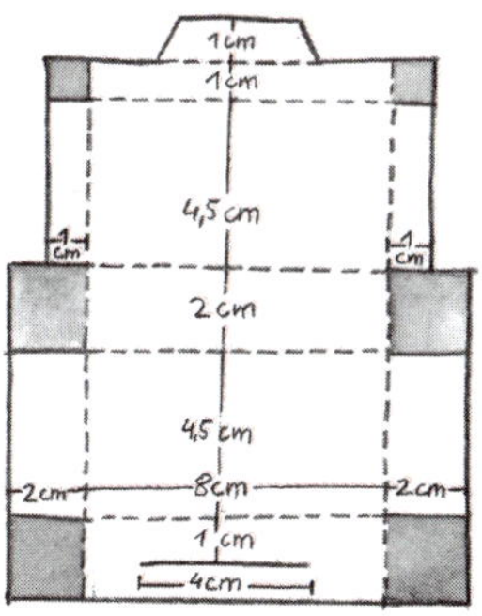

Nach diesem Schnittschema wird der Koffer gebastelt.

Der Koffer muß jetzt nur noch zusammengesteckt werden.

Auf Tonpapier werden zunächst die Umrisse aufgezeichnet und ausgeschnitten. Alle durchgezogenen Linien werden eingeschnitten. Entlang der gestrichelten Linien wird der Karton nach innen gefaltet (vorher vorsichtig mit einem nicht zu scharfen Gegenstand die Linien nachritzen). Vor dem endgültigen Zusammenkleben wird der Koffer beschriftet und bemalt oder – falls Ihre Zeichenkünste nicht ausreichen – beklebt. Neben den Namen des Kindes wird ein Kleidungsstück fremder Völker als Symbol gezeichnet, z.B. chinesischer Hut, holländische Holzschuhe u.a. Ist das geschehen, werden die schraffiert gezeichneten Qua-

drate von innen gegen die Seitenwände geklebt und der Koffer zusammengeklappt. Mit der Lasche, die durch den Schlitz gesteckt wird, kann man ihn verschließen.
Die Nationalität der Reisenden wird mit einer Flagge angezeigt, die ganz leicht selbst herzustellen ist, falls Sie die passenden Fähnchen nicht im Papierhandel bekommen.
Aus Schreibmaschinenpapier werden 2 x 8 cm große Streifen herausgeschnitten und in den Landesfarben bemalt (Vorlagen dazu finden Sie in jedem Lexikon). Dabei malen die Kinder jede Fahne zweimal: für die Vor- und Rückseite. Dann wird das Papier in der Mitte gefaltet, so daß die unbemalte Seite nach innen kommt.
Als Fahnenmast dient ein Zahnstocher, der beim Zusammenkleben der beiden Hälften mit eingeklebt wird.
Für die Spielrunde stellen wir eine ausreichende Anzahl kleiner Preise bereit.
Es bietet sich an, ausländische Schulfreunde oder Nachbarskinder einzuladen.

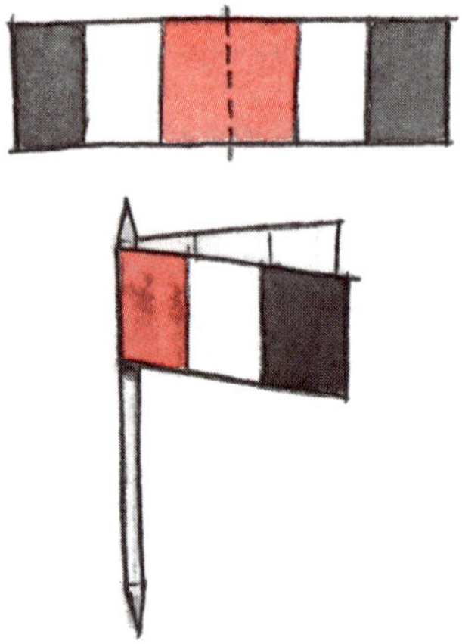

Die Fähnchen werden doppelt zugeschnitten, spiegelgleich bemalt und dann an der Bruchkante um einen Zahnstocher geklebt.

Dekoration

Der Tischschmuck besteht – neben Kerzen und Blumen, die ja auf jeden Geburtstagstisch gehören – aus der Koffertischkarte (siehe Kapitel Planung), in der jeweils eine kleine Überraschung steckt. Als Symbol für die Weltkugel liegt außerdem vor jedem Platz ein roter Apfel, der mit der entsprechenden Flagge

gekrönt ist (siehe dazu Kapitel Planung).
Als Raumdekoration werden ein paar Girlanden so aufgehängt, daß es an ein Schiffsdeck erinnert. Wer einen Globus oder eine Weltkarte hat, der kann damit der Dekoration den letzten Pfiff geben.

Spielvorschläge

Aus welchem Lande komme ich?

Die Spielrunde beginnt schon an der Kaffeetafel. Jedes Kind versucht, anhand der Fähnchen und der Zeichnung auf der „Kofferkarte" herauszufinden, aus welchem Land es heute kommt.

Da der Schwierigkeitsgrad der Aufgaben sehr verschieden ist, soll dies kein Wettspiel, sondern eine Einführung in das Thema des Festes sein. Sehr hilfreich ist es, eine große Weltkarte aufzuhängen und dort die Herkunft der einzelnen Gäste mit bunten Stecknadeln zu markieren.
Schon jetzt kann man den Kindern sagen, sie sollen sich ein paar Gedanken machen, wie es da, wo sie herkommen, wohl aussieht und wohin sie nachher reisen möchten. Da es nicht auf Daten und Fakten, sondern auf Spaß und Phantasie ankommt, sollten Sie ruhig noch einmal darauf hinweisen, daß es jedem freisteht, sich allerlei dazu auszudenken.

Reisevorbereitungen
Bevor die Weltreise losgeht, zieht sich jeder Reisende seiner Herkunft entsprechend an. Dazu wurde eine große Kleiderkiste vorbereitet, in der die passende Kleidung zu finden ist. (Vorschläge dazu stehen im Kapitel Planung.)
Jeder Teilnehmer sucht sich die entsprechenden Kleidungsstücke heraus. Der Spielleiter steht dabei als Berater zur Verfügung, so daß zum Schluß jeder Reisende im passenden Gewand dasteht. Nun kann das Schiff bestiegen werden. Wenn der Platz es erlaubt, sollten Sie die Stühle in Form eines Schiffsrumpfes aufstellen.

Vorstellung
Jeder Reisende der das Schiff betritt, stellt sich seinen Mitreisenden kurz vor: Wie er heißt; wo er herkommt und wie es da aussieht; wohin er heute reisen möchte usw., je nachdem, was jedem gerade einfällt. Wenn alle sich vorgestellt haben, heulen die Schiffssirenen (ein paar Kinder können auf leeren Flaschen blasen oder alle „heulen" im Chor): die Reise geht los.

Reisequiz
Die Schiffsreise beginnt mit einer Quizrunde zum Thema Reisen. Jedem Kind wird zu jedem Themenkomplex eine Frage gestellt. Wer die Antwort weiß, erhält einen Chip (oder Knopf). Wer zum Schluß die meisten hat, wird sich freuen!

Reisequiz

Frage:	Antwort:
In welcher Stadt steht das Bauwerk?	
Eiffelturm	*Paris*
Petersdom	*Rom*
Der schiefe Turm	*Pisa*
Brandenburger Tor	*Berlin*
Kreml	*Moskau*
Holstentor	*Lübeck*

Frage:	Antwort:
Empire State Building	*New York*
Big Ben	*London*
Hofreitschule	*Wien*
Akropolis	*Athen*

Aus welchem europäischen Land sind die Autokennzeichen?

CH	*Schweiz*
A	*Österreich*
F	*Frankreich*
NL	*Niederlande*
E	*Spanien*
GB	*England*
I	*Italien*
B	*Belgien*
DK	*Dänemark*
L	*Luxemburg*

Zu welchem Land gehört das Geld?

Lire	*Italien*
Franc	*Frankreich/Belgien*
Rubel	*GUS*
Peseten	*Spanien*
Drachmen	*Griechenland*
Dollar	*USA/Kanada*
Franken	*Schweiz*
Schilling	*Österreich*
Kronen	*Dänemark/Schweden*
Pfund	*England*

Zu welchem Land gehört die Hauptstadt?

Moskau	*Rußland*
Paris	*Frankreich*
London	*England*

Frage:	Antwort:
Budapest	*Ungarn*
Wien	*Österreich*
Athen	*Griechenland*
Madrid	*Spanien*
Lissabon	*Portugal*
Rom	*Italien*
Kopenhagen	*Dänemark*

Wo leben diese Leute?

Wo tragen Männer karierte Röcke?	*Schottland*
Wo tragen Frauen einen Kimono?	*Japan*
Wo tanzt man Flamenco?	*Spanien*
Wo tragen Frauen einen Sari?	*Indien*
Wo gibt es Donkosaken?	*Rußland*
Wo leben die Sarden?	*Sardinien, Italien*
Wo trägt man Holzschuhe?	*Holland*
Wo spielt man Boule?	*Frankreich*
Wo spielt man Kricket?	*England*

Wo leben diese Tiere?

Lama	*Südamerika*
Bison	*Nordamerika*
Känguruh	*Australien*
Löwe	*Afrika*
Tiger	*Indien*
Zebra	*Afrika*
Pandabär	*China*
Elefant	*Afrika und Indien*
Eisbär	*Nordpol*
Pinguin	*Südpol*

Kofferpacken

Für eine Weltreise braucht man einen gut gefüllten Koffer.

Ein Kind fängt an und sagt: „Ich packe in meinen Koffer eine Zahnbürste.“

Das nächste Kind wiederholt nun: „Ich packe in meinen Koffer eine Zahnbürste und Schuhcreme.“

Das dritte Kind muß jetzt wieder alle bisher eingepackten Gegenstände in der richtigen Reihenfolge wiederholen und dann ein neues Teil, z.B. einen Pullover, dazupacken. Dann kommt der nächste Spieler dran usw. Wer die Reihenfolge vergißt oder einen Gegenstand ausläßt, der scheidet aus.

Wer zum Schluß übrigbleibt, ist Sieger und erhält einen kleinen Preis.

Städteraten

Die Kinder setzen oder stellen sich nebeneinander in eine Reihe. Der Spielleiter wirft dem ersten Kind einen Ball zu und sagt dazu einen Buchstaben, z.B. „B“. Das Kind fängt den Fall auf und wirft ihn dem Spielleiter zurück, wobei es eine Stadt nennen muß, die mit B anfängt, z.B. Berlin.

Dann folgt das nächste Kind mit einem neuen Buchstaben. So geht es immer die Reihe entlang, bis jemand nicht mehr weiter weiß oder einen schon genannten Namen wiederholt. Dieses Kind scheidet aus, bis zum Schluß der Sieger übrigbleibt. Er darf (unter Umständen) den Ball behalten.

Die Reise nach Jerusalem

Jedes Kind bringt seinen Stuhl in die Mitte. Die Stühle werden, immer paarweise, Rücken an Rücken in eine Reihe gestellt. Nun wird ein Stuhl weggestellt.

Zur Musik eines Kassettenrecorders marschieren die Kinder dann – die Hände auf dem Rücken verschränkt – im Gänsemarsch immer um die Stühle herum. Wenn die Musik plötzlich aufhört (möglichst unauffällig die Stopptaste drücken), muß sich jeder schnell einen Sitzplatz sichern, denn wer keinen freien Stuhl mehr findet, scheidet aus. Nachdem der nächste Stuhl weggestellt wurde, geht die Reise so lange weiter, bis nur noch ein Stuhl und zwei Reisende übrigbleiben. Wer den letzten Sitzplatz ergattert, ist Sieger.

Den Abschluß des Nachmittags bilden Gruppenwettspiele. Die Kinder teilen sich, per Los, in zwei Mannschaften. Bei einer ungeraden Zahl von Gästen muß bei manchen Spielen ein Kind der zahlenmäßig stärkeren Mannschaft aussetzen.

Wir besuchen die Schweiz

Für dieses Spiel benötigen Sie zwei mit Luft gefüllte Gummiringe, die im Spielwarenhandel unter dem Namen „Ring-Tennis" erhältlich sind. Diese Ringe stellen Emmentaler Käse dar, der um die Wette zum Ziel gerollt werden muß. Das ist gar nicht so einfach, da man sie nur in gebückter Haltung antreiben kann. Fällt ein Ring hin, muß der Spieler zurück zum Start und von vorne anfangen.

Das Spiel wird als Staffel durchgeführt. Beide Gruppen stellen sich hinter der Startlinie auf. Auf ein Kommando des Spielleiters beginnen die ersten beiden Spieler, den „Käse" zum Ziel am anderen Ende des Raumes zu rollen. Im Ziel angekommen, greift jeder Spieler nach seinem Ring, läuft schnell zum Start zurück und übergibt den „Käse" dem nächsten Kind. Die Gruppe, die am schnellsten mit dieser Aufgabe fertig ist, hat gewonnen.

Wir besuchen Italien

Jetzt werden Spaghetti hergestellt. Dabei erhält jedes Kind einen Doppelbogen Zeitungspapier, aus dem es innerhalb von zwei Minuten möglichst lange „Spaghetti“ herausreißen muß. Wie die Aufgabe gelöst wird, bleibt jedem selbst überlassen. Wenn der Papierstreifen reißt, muß neu angefangen werden. Nach Ablauf der zwei Minuten stellt jede Gruppe für sich erst einmal fest, welches die längste „Nudel“ ist. Dann vergleichen beide Gruppen die Länge ihrer jeweils besten Produkte und ermitteln den Sieger.

Wir besuchen Afrika

Jede Gruppe macht nun aus den Papier-Spaghetti afrikanisches Schlangenragout. Dazu werden von den Spaghetti 30 Stücke abgerissen und zu kleinen Papierkugeln zusammengeknüllt.

Für jede Gruppe wird ein Topf, ein Löffel und ein Tuch zum Augenverbinden bereitgestellt. Nun muß das Schlangenragout mit verbundenen Augen in den Topf gelöffelt werden.

Erschwert wird das Spiel, wenn nur eine Hand benutzt werden darf.

Wenn die 30 Papierkugeln um die Töpfe verteilt sind, fangen die beiden ersten Spieler an. Nach kurzer Zeit ruft der Spielleiter: „Wechsel“. Jetzt sind die nächsten Kinder an der Reihe. Wenn es zu schwer geworden ist, dürfen die anderen Gruppenmitglieder mit den Rufen: „heiß“, „lauwarm“, „kalt“ beim Ragoutschöpfen helfen. Gesiegt hat die Gruppe, die zum Schluß das meiste Schlangenragout in ihrem Topf hat.

Wir besuchen das Schlafzimmer der Queen

Aus jeder Gruppe wird ein Kind bestimmt. Es gilt, das Bett der Queen zu finden und zu melden, wer darin liegt. (Der entsprechende Raum wird durch ein Schild gekennzeichnet; im Bett wird eine Puppe oder ein Plüschtier auf das Kopfkissen gelegt.)

Wir besuchen Australien

Zum Abschluß der Spielrunde werden an jede Gruppe ein paar Blätter und Stifte verteilt. Auf dem ersten Blatt steht das Wort „Australienforscherteam“, auf dem zweiten „Traumpfadesuchtrupp“. Jede Gruppe zieht sich in eine Ecke des Zimmers zurück und soll nun, in einer bestimmten Zeit, gemeinsam aus den Wörtern möglichst viele neue Wörter bilden.

Anschließend verlesen beide Gruppen die gefundenen Wörter. Gleiche Wörter werden gestrichen. Sieger ist die Gruppe, die am Schluß die meisten Wörter gefunden hat.
Zum Schluß wird die „Siegergruppe“ der Wettspiele ermittelt. Jedes Mitglied dieser Gruppe erhält einen kleinen Preis. Die Verlierer bekommen Trostpreise.

Speisevorschläge

Nachmittags wird Gelati – das italienische Wort für Eis – ausgegeben. Abends gibt es Gyros (griechisches Fleischgericht) in Fladenbrottaschen. Fertig gewürztes Gyros besorgen wir beim Metzger, Fladenbrot erhalten wir im Supermarkt. Gyros anbraten, das Fladenbrot aufschneiden, mit Salatblättern, Tomaten, Zwiebeln, Gyros und Kräuterquark füllen.

Geschenktips

- Globus
- Junior Weltatlas. Loewe-Verlag.
- Länderspiel
- Rucksack
- Zelt, Schlafsack

- Bücher, z.B.: M. Mai und R. Volery: Wo die Menschen leben, Ravensburger Buchverlag.
  SOS-Kinderdorfmütter: Kinderspiele aus aller Welt, FALKEN Verlag
  A. Becker und E. Niggemeyer: Ich und Nadire, Ravensburger Buchverlag.
  Gudrun Thiele: Alle Kinder dieser Welt, Frech-Verlag (Bastelbuch).

Der Postraub

Vom zehnten Lebensjahr an schmökern unsere Kinder gern in Detektivgeschichten, besonders natürlich in solchen, deren Helden Kinder wie sie selbst sind. Die nie alternden fünf Freunde haben nach wie vor ihre Leserschaft, aber auch Perry Clifton oder Sherlock Holmes sind bekannte Krimifiguren.
Bei unserem spannenden Detektivspiel erhalten die Kinder Gelegenheit, ihre eigenen kriminalistischen Fähigkeiten einmal unter Beweis zu stellen.

■ Einladung

Das Detektivspiel geht schon bei der Einladung los, die als verschlüsselte Botschaft abgefaßt wird.
Ein DIN-A4-Blatt wird quer gefaltet. Auf die Vorderseite kleben Sie eine Zeichnung eines Detektivs, der sofort an Sherlock Holmes oder einen anderen, den Kindern bekannten, Detektiv erinnert. Daneben kommt eine Visitenkarte. Dieter V. Kattpiv. In diesem Namen ist der Beruf des Mannes versteckt, nämlich das Wort: Privatdetektiv. Aufgabe ist es, den Beruf des Mannes herauszufinden.
Auch die Einladung selbst wird mit einem einfachen Trick verschlüsselt. Statt von links nach rechts wird der Text von oben nach unten und – um die Entzifferung noch etwas zu erschweren – ohne Wortzwischenräume geschrieben.

■ Planung

Das Detektivspiel erfordert eine etwas aufwendigere Planung und Vorbereitung. Dafür wird dieser Nachmittag aber noch lange Gesprächsstoff der Kinder sein. Ausdrücklich wird jedoch darauf verwiesen, daß – den örtlichen Gegebenheiten entsprechend und im Hinblick auf das Alter der Geburtstagsgäste – das Detektivspiel auch vereinfacht werden kann.
Das Stadt- oder Dorfspiel selbst ist ähnlich wie eine Rallye aufgebaut, d.h., in einer bestimmten Zeit müssen eine bestimmte Strecke zurückgelegt und vorgegebene Aufgaben gelöst werden. Das Spiel ist als Gruppenwettkampf gedacht. Um die Eintei-

lung in zwei Gruppen möglichst problemlos zu gestalten, werden Zettel in Hörnchen eingebacken (siehe dazu Kapitel Speisevorschläge). So bestimmt der Zufall, wer in welcher Gruppe spielt.

Die Vorder- und die Rückseite der Einladungskarte zum „Detektivspielgeburtstag“.

Ganz wichtig ist bei diesem Spiel ein Zeitplan, der folgendermaßen aussehen kann:

15.00–15.45	Kaffeetrinken und Erklären der Spielregeln (Visitenkartenrätsel auflösen!)
16.00	Abmarsch der beiden Gruppen.
16.00–16.30	1. Aufgabe
16.30–16.45	Abholen der 2. Aufgabe. Anschließend muß an einer bestimmten Stelle Posten bezogen werden.
16.45–17.00	Auftauchen der verdächtigen Person an dieser Stelle.
17.30	Das Ende des Spiels, und alle Detektive sind wieder im Haus des Gastgebers versammelt.

Die erste Aufgabe besteht darin, anhand von Hinweisen in verschiedenen Schaufenstern eine Telefonnummer herauszubekommen. Da die beiden Gruppen in der ersten Spielphase verschiedene Aufgaben lösen sollten, müssen Sie zwei Bekannte fragen, ob sie an diesem Nachmittag den Detektiven die gewünschte Auskunft geben können.

Wie Sie die Telefonnummern verschlüsseln, hängt natürlich von den örtlichen Gegebenheiten ab. Anregungen dazu finden Sie im Kapitel Spielvorschläge.

Bei der Festlegung der Aufgaben gibt es folgendes zu beachten:

1. Die Kinder haben insgesamt nur eine halbe Stunde Zeit, die Wegstrecke zu bewältigen und die Aufgabe zu lösen; der Weg sollte also nicht zu weit sein.
2. Vergewissern Sie sich in den Geschäften, ob die Dekoration an dem Tag des Spiels noch stehen wird.
3. Da die Kinder im Anschluß an die erste Aufgabe telefonieren sollen, muß eine funktionierende Telefonzelle oder ein Postamt in der Nähe sein.
4. Falls unter Ihren Gästen viele ortsunkundige Kinder sind (z.B. aus anderen Stadtteilen), empfiehlt es sich, den Gruppen einen Plan des „Operationsgebietes“, der alle wichtigen Hinweise enthält, mitzugeben.

Um an die zweite Aufgabe zu kommen, müssen die Kinder einen postlagernden Brief vom Postamt holen. Falls kein Postamt in der Nähe ist oder das Fest an einem Wochenende stattfindet, muß eine andere Möglichkeit gefunden werden, die Briefe zu überreichen. Vielleicht fährt ein Geschwister mit dem Fahrrad zu einem festgelegten Treffpunkt? Dann muß natürlich auch die Auskunft, die die angerufenen Personen geben, entsprechend geändert werden.
Die zweite Aufgabe, die für beide Gruppen gleich ist, besteht nun darin, einen bestimmten Abschnitt einer Straße zu überwachen, um eine verdächtige Person ausfindig zu machen. Diese Straße sollte aus Zeitgründen nicht zu weit von der Stelle, wo der zweite Brief abgeholt wurde, entfernt sein.

Um die verdächtige Person auftreten zu lassen, brauchen Sie die Hilfe eines Bekannten. Er (oder sie) muß bereit sein, in der Zeit zwischen 16.45 und 17.00 Uhr verkleidet mit einer Perücke, einer großen Sonnenbrille und einer Einkaufstasche, in der das Wertpaket steckt, in dieser Straße auf und ab zu gehen. Falls er (oder sie) nicht sowieso dort wohnt, sollten Sie schon vorher nach einem geeigneten Hof- oder Hauseingang Ausschau halten, wo er (oder sie) sich umziehen kann.
Das Wertpaket, um das sich alles dreht, muß natürlich auch vorbereitet werden. Es besteht aus Süßigkeiten und kleinen Geschenken, die alle in Gold- oder Alufolie und anschließend in ein richtiges schönes Paket verpackt werden.
Sollte Ihnen jetzt noch unklar sein, welche Vorbereitungen getroffen werden müssen, empfehlen wir Ihnen, zunächst den Abschnitt: „Das Stadt- oder Dorfspiel“ zu

lesen und anschließend noch einmal die Planung der Rallye zu überdenken.
Der Nachmittag klingt mit ein paar Gemeinschaftsspielen und dem Abendessen aus.

Dekoration

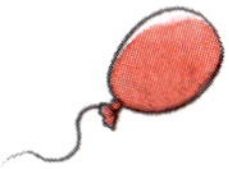

Natürlich wird die Festtafel wie immer liebevoll mit Kerzen, Servietten und Blumen geschmückt. Als Tischkarte findet jeder angehende Detektiv und jede Detektivin eine aus Pappe ausgeschnittene Lupe vor, in der sich die Initialen des jeweiligen Gastes befinden.

Spielvorschläge

Das Stadt- oder Dorfspiel

Allgemeine Spielregeln
Das Stadt- oder Dorfspiel ist ein Wettspiel, das in zwei Gruppen durchgeführt wird. Beide Gruppen haben die Aufgabe, ein Wertpaket in ihre Hände zu bekommen und es am Ziel beim Gastgeber abzuliefern. Die Gruppe, die das Paket bringt, ist Sieger. Damit die Mannschaften sich nicht gegenseitig behindern, erhalten beide Gruppen beim ersten Teil der Aufgabe unterschiedliche Instruktionen. Die erste Aufgabe wird den Gruppen am Start in einem verschlossenen Umschlag überreicht. Außerdem bekommt jede Gruppe noch ein Notizbuch und einen Stift mit. Die weiteren Anweisungen erhalten die Gruppen im Laufe des Spiels.
Hat eine der Mannschaften das Wertpaket erobert, besteht für die andere Gruppe bis zum Erreichen des Ziels immer noch eine Chance, dem Gegner die Beute wieder abzujagen.
Dazu erhält jeder Spieler eine „Fragekarte" in der Gruppenfarbe. Trifft nun beispielsweise ein „Roter" auf einen „Grünen", kann er diesem seine Fragekarte geben und sagen: „Hast Du das Wertpaket?" Wenn der Spieler das Paket tatsächlich hat, muß er es jetzt aushändigen. Jeder Spieler hat aber nur einmal die Möglichkeit, diese Frage zu stellen. Hat er seine Fragekarte verbraucht, ist diese Chance vertan. Das Spiel ist um 17.30 Uhr (Uhrzeit festlegen!) zu Ende. Wenn

bis zu diesem Zeitpunkt keine der Gruppen das Wertpaket gefunden hat, wird das Team Sieger, das die meisten Fragekarten übrigbehalten hat.

1. Aufgabe

In verschiedenen Schaufenstern sind Hinweise auf eine Telefonnummer versteckt, die dann angerufen werden muß. Wenn irgend möglich, sollten hier die beiden Gruppen in verschiedenen Straßen und Schaufenstern suchen, um sich nicht gegenseitig in die Quere zu kommen. Wie die Aufgabe im einzelnen aussieht, richtet sich natürlich nach den jeweiligen örtlichen Gegebenheiten. Als Muster kann der folgende Brief, der den beiden Gruppen beim Start überreicht wird, dienen.

Liebe Detektive der Roten (Grünen) Hand!
Hier ist Eure erste Aufgabe!
Geht in die Hansastraße. Sucht dort ein Schaufenster. Es ist nicht die Firma K... und nicht der Friseur. In dem Fenster sind elektrische Geräte zu sehen. Sucht einen Rasierapparat der Marke B... Der Preis ist zweistellig. Notiert Euch die zweite Zahl. Das ist die erste Zahl der Telefonnummer, die Ihr finden sollt.

Da es in Großstädten, die ja recht lange Telefonnummern haben, zu langwierig wäre, jede einzelne Zahl auf diese Weise zu verschlüsseln, kann man den Text auch leicht abwandeln: „Notiert Euch die zweite Zahl und addiert dazu die Zahl 43. Das Ergebnis sind die ersten beiden Zahlen der Telefonnummer, die Ihr finden sollt." Ähnlich dazu kann man auch bei den anderen Teilen der Aufgabe vorgehen.

Nun geht weiter in die Lübeckerstraße. Auf der rechten Seite ist ein großes Fachgeschäft. Im zweiten Schaufenster sind Fernseher ausgestellt. Sucht das Gerät, dessen Name wie der Name einer europäischen Hauptstadt lautet. Der Preis ist eine vierstellige Zahl. Notiert Euch die dritte Stelle, das ist die zweite Zahl Eurer Rufnummer.
Direkt gegenüber ist ein weiteres Fachgeschäft. Dort sind Apparate ausgestellt, mit denen man jetzt Eure nachdenklichen Gesichter f... sollte. In der rechten

Hälfte des Schaufensters stehen mehrere Geräte auf Haltern. Zählt sie. Wenn Ihr richtig gezählt habt, dann ist Eure Telefonnummer vollständig.
Nun aber schnell zum nächsten Telefon. Ruft diese Nummer an (Geld oder Telefonkarte liegt im Umschlag) und sagt „Guten Tag. Hier spricht die Rote (Grüne) Hand. Wir möchten gern eine Auskunft. Wie wird das Wetter morgen?"
Merkt Euch die Antwort und geht zur nächsten Aufgabe über. Beeilt Euch, Ihr müßt bis 16.30 Uhr dort sein.
Viel Glück!

Die vorher informierten Kontaktpersonen sagen: „Das Wetter wird gut, wenn Ihr Euch beeilt. Geht zum Postamt in der Hamburgerstraße und fragt dort am Schalter für postlagernde Sendungen nach einem Brief für die Rote (Grüne) Hand."
Die Briefe wurden einen Tag vor dem Fest am Postschalter abgegeben. Wenn das Fest an einem Wochenende stattfindet, d.h. das Postamt nicht geöffnet hat, müssen die Briefe auf eine andere Weise übergeben werden. Die Briefe enthalten die Anweisungen für die nächste Aufgabe, die jetzt für beide Gruppen gleich lautet:

2. Aufgabe

An die Rote (Grüne) Hand!
Geht schnell in die Leipzigerstraße und beobachtet unauffällig den Abschnitt zwischen der Hausnummer 4 bis 45. In der Zeit zwischen 16.45 und 17.00 Uhr wird eine verdächtige Person versuchen, ein Wertpaket, das bei der Post gestohlen wurde, in Sicherheit zu bringen.
Die Person hat sich mit einer Perücke und einer großen Sonnenbrille getarnt. Wenn Ihr sie seht, geht hin und fragt: „Entschuldigen Sie, können Sie mir bitte sagen, wie spät es ist?" Habt Ihr die richtige Person gefragt, wird sie Euch das Wertpaket aushändigen. Versucht, es so schnell wie möglich in Sicherheit zu bringen. Paßt auf, daß Euch die Grüne (Rote) Hand das Paket nicht wieder abjagt.
Viel Erfolg!

Sind die Detektive dann glücklich wieder zu Hause, wird das Wertpaket geöffnet. (Falls es keinem

der angehenden Kriminalisten gelungen sein sollte, das Paket ausfindig zu machen, bitten wir die „Verdächtige Person“, das Paket selbst zu bringen!)
Dem Thema entsprechend finden die Detektive in dem Paket kleine verpackte Geschenke, die es in jedem Spielwarengeschäft für wenig Geld zu kaufen gibt: kleine Lupe, Tonpfeife (die an Sherlock Holmes erinnert), Notizbuch, Kugelschreiber u.a. Zuerst darf sich jedes Mitglied der siegreichen Gruppe ein Geschenk (natürlich noch verpackt) aussuchen, dann kommen die zweiten Sieger an die Reihe. Dabei wird dann eifrig erzählt, welche Abenteuer und Schwierigkeiten es zu überwinden gab.

Der geraubte Schatz
Jetzt haben die Detektive der Verlierergruppe Gelegenheit zu beweisen, daß auch sie ihr Handwerk verstehen. Ein Kind aus dieser Gruppe ist der Detektiv. Auf einem Tisch werden 10 bis 20 „Wertgegenstände“ ausgebreitet. Der Detektiv hat 30 Sekunden Zeit, sich alles einzuprägen. Dann muß er kurz hinausgehen. In dieser Zeit werden drei Gegenstände entfernt. Wenn der Detektiv ihr Fehlen richtig bemerkt, d.h. sagen kann, welche Gegenstände weggenommen wurden, erhält er einen kleinen Preis.
Das Spiel kann – mit immer neuen Gegenständen – so lange gespielt werden, bis die Kinder keine Lust mehr haben oder bis jeder einmal dran war.

Haltet den Dieb
Ein Kind – der Detektiv – setzt sich mit verbundenen Augen auf einen Stuhl. Unter dem Stuhl liegt ein dicker Schlüsselbund, den er bewacht. Der Räuber muß sich nun vorsichtig anschleichen und versuchen, den Schlüssel zu stehlen. Macht er dabei ein Geräusch, ruft der Detektiv: „Haltet den Dieb!“, und der Räuber

ist ertappt. Er muß dann in der nächsten Runde den Detektiv spielen. Macht er aber kein Geräusch, muß der Detektiv weiter aufpassen.

Speisevorschläge

Zum Kaffee gibt es „Ruebli-Kuchen“ mit kleinen Marzipanmöhren obendrauf, und für jeden ein frisch gebackenes Hörnchen (vergleiche „Planung“). In jedes Hörnchen wurde ein Zettel (Pergamentpapier mit ungiftigen Stiften beschriftet) eingebacken, auf dem entweder das Wort „Rot“ oder „Grün“ steht. Das ist für die Aufteilung der Detektivgruppen wichtig.

Da das Detektivspiel hungrig macht, servieren Sie zum Abendessen etwas Herzhaftes.
Wir schlagen Hawaitoast vor, in dem detektivisch die Zutaten entdeckt werden können. Unter die Käsescheibe werden unterschiedlich Schinken und Salami, Ananas, Tomaten, Salatblätter, Pilze u.a. gelegt.

Geschenktips

- Kinderkrimis und -detektivbücher, z.B.:
  O. Preußler: Krabat, Thienemanns Verlag.
  E. Kästner: Pünktchen und Anton.
  Emil und die Detektive.
  Dreßler-Verlag; auch als MC erhältlich.
  Geheim, Coppenrath-Verlag (Geheimschriften).
- Hörspielkassetten, z.B.:
  E. Blyton: Fünf Freunde auf großer Fahrt, Europa Casette
  K. Vethake: Kalle Blomquist lebt gefährlich (A. Lindgren), Kassetten Hörfest Deutsche Grammophongesellschaft.
- Lupe.
- Taschenlampe.
- Taschenmesser.
- Tagebuch für geheime Eintragungen.
- Mein Album für Geburtstagsbilder, Coppenrath-Verlag.

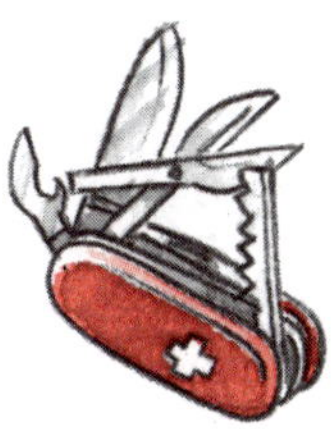

Es weihnachtet sehr

Ein Kind, das in der Adventszeit Geburtstag hat, fühlt sich manchmal benachteiligt. Das Wetter ist in der Regel zu unfreundlich, um spannende Wettspiele im Freien zu veranstalten, und außerdem ist ja bald Weihnachten. In der Hektik der Festvorbereitungen finden Eltern oft nicht die Zeit, den Geburtstag gründlich vorzubereiten. Wir schlagen deshalb für die Weihnachtszeit eine Feier vor, die ohne aufwendige Planung und Vorbereitung stattfinden kann. Trotzdem bleibt viel Raum für vorweihnachtliche Bastelarbeiten, so daß die Acht- bis Elfjährigen gleich ein schönes Weihnachtsgeschenk für die Eltern mit nach Hause nehmen können.

■ Einladung

Aus farbigem Papier wird eine entsprechende Anzahl 28 cm langer und 14 cm breiter Streifen ausgeschnitten. Einmal quer gefaltet, ergibt das eine quadratische Einladungskarte. Auf die Vorderseite zeichnet das Geburtstagskind einen Stern. Innen steht der Einladungstext. Wer mag, kann dazu noch einen Tannenzweig mit einer brennenden Kerze zeichnen.

Die Vorderseite der Einladungskarte zum „weihnachtlichen" Geburtstag.

■ Planung

Der Geburtstag beginnt mit einer ausgiebigen Kaffeetafel, zu der es Honigkuchen, Lebkuchen und Weihnachtsgebäck geben kann. Nach dem Kaffeetrinken geht es dann ans Basteln. Da Sie nur eine begrenzte Zeit zur Verfügung haben, schlagen wir drei Möglichkeiten vor, bei denen es schnelle Erfolgserlebnisse gibt und wenig Vorbereitung nötig ist.

Bastelvorschläge

Jute- oder Leinentaschen bemalen

Viel Freude bereitet es, Jute- oder Leinentaschen zu bemalen. Dazu benötigen Sie die Taschen, Stoffarben, Pappen und Schablonen, die man vorher vorbereiten kann (z.B. Früchte, Bäume, Blumen, Tiermotive). Schöner ist es, wenn die Kinder ihre Motive frei gestalten. Damit die Farbe sich nicht durchdrücken kann, wird vor dem Bemalen eine Pappe in die Tasche gelegt.

Fensterbilder herstellen

Gerade in der Advents- und Weihnachtszeit sind Fensterbilder ein stimmungsvoller Schmuck. Wegen ihrer Transparenz werden die Bilder von draußen ebenso gern betrachtet wie von drinnen. In jedem Haus werden bunte Bilder (von alten Kalendern) oder Bildkarten gesammelt. Sie können als Motive dienen.

Bevor die Bilder am Fenster aufgehängt oder als Transparent vor einer Kerze aufgestellt werden können, benötigen wir Leinöl (Bastelgeschäfte) und Pinsel.

Das Bild wird auf eine Unterlage gelegt und von hinten so gründ-

lich mit Leinöl bestrichen, daß das Öl das Bild durchdringt und es dadurch durchsichtig wird. Danach lassen wir es in einem warmen Raum trocknen. Damit es einen besseren Halt bekommt, nehmen die Kinder stabile Klarsichtfolie (Bastelgeschäft). Sie wird auf das Bildformat zugeschnitten und auf dem Bild mit Klebeband befestigt.

Wer statt des Fensterbildes ein Transparent zum Aufstellen bevorzugt, schneidet aus schwarzer Pappe einen Rahmen zu, der durch zwei Haltestreifen standfest gemacht wird.

Sowohl die selbst bemalten Taschen als auch die Fensterbilder nehmen die Kinder gern mit heim. So haben sie schöne Weihnachtsgeschenke.

Wir gestalten ein Knusperhaus

In die Vorweihnachtszeit gehört ein schönes Knusperhaus. Die Gestaltung kann zu einer verlockenden Gemeinschaftsarbeit werden. Vorgefertigte „Rohbauten“ werden inzwischen in vielen Supermärkten angeboten.

Für die Hausdekoration besorgen Sie kleine Süßigkeiten (Gummibärchen, Lakritz, bunte Schokoladenlinsen, Lebkuchenherzen). Zunächst werden die Wände mit Zuckerguß zusammengefügt.

Wenn das Haus steht und der Guß angetrocknet ist – beginnen Sie mit dem „Aufkleben“ der Dekoration. Wenn zum Abschluß des adventlichen Nachmittags eine besinnliche Geschichte vorgelesen wird, stellen Sie das Knusperhäuschen in die Runde und lassen alle daran knuspern. Viel Spaß dabei.

Für die Spielrunde, die sich an die Bastelstunde anschließt, brauchen wir einen Vorrat verschiedener Nüsse.

Spielvorschläge

Ich sehe was, was du nicht siehst

Ein Kind sieht sich im Raum um und bestimmt möglichst unauffällig einen Gegenstand, den die anderen raten müssen. Es sagt: „Ich sehe was, was du nicht siehst, und das ist grün“. (Es wird immer nur die Farbe des jeweiligen Gegenstandes bekanntgegeben.) Die anderen Kinder fangen nun an zu raten. Das Kind, das die Aufgabe gestellt hat, darf nur mit ja oder nein antworten, so daß die Fragen entsprechend geschickt gestellt werden müssen. Wer den gemeinten Gegenstand errät, darf in der nächsten Runde die Aufgabe stellen.

Kra-Okra

Jeder Spieler erhält zehn Haselnüsse und legt sie unter dem Tisch in seinen Schoß, so daß niemand die Nüsse sehen kann. Ein beliebiges Kind fängt an. Es nimmt unter dem Tisch eine Anzahl Nüsse in die eine Hand und legt dann die fest geschlossene Faust mit den Nüssen auf den Tisch.

Dann fragt es seinen Nachbarn zur Rechten: „Kra-Okra?" (Gerade oder ungerade?) Der Gefragte muß nun raten, ob eine gerade oder eine ungerade Zahl von Nüssen in der Hand versteckt ist und entsprechend entweder Kra (gerade) oder Okra (ungerade) sagen.
Hat er richtig geraten, gehören ihm die Nüsse in der Faust. Hat er falsch geraten, muß er aus seinem Vorrat dem Frager so viele Nüsse geben, wie dieser in der Hand versteckt hatte. Dann ist er dran und wendet sich wieder an seinen rechten Nachbarn.
Sieger ist derjenige der zum Schluß die meisten Nüsse hat. Wer seinen Vorrat verspielt hat, muß ausscheiden.

Geschenkkorb packen
Mutter muß zur Verwandtschaft reisen. Für Oma, Opa, Tanten, Neffen und Nichten soll deshalb ein Geschenkkorb gepackt werden. Ein Kind fängt an: „Ich packe in den Korb einen Kerzenleuchter." Das nächste Kind muß immer alle vorher eingepackten Geschenke in der richtigen Reihenfolge wiederholen und selbst noch eins dazulegen, z.B. „Ich packe in den Korb einen Kerzenleuchter und ein Nachthemd." So geht es weiter und wird natürlich immer schwieriger. Wer nun die Reihenfolge durcheinanderbringt oder ein Geschenk vergißt, scheidet aus. Anstelle des Geschenkes, was er gemacht hätte, steht dann ein Dummkopf, der genauso mit aufgezählt werden muß, wie alle anderen Dinge.
Wer zum Schluß übrigbleibt, ist der Sieger. Er schließt den Geschenkkorb und gibt ihn der Mutter mit auf die Reise.

Nüsse suchen
Vor dem Fest wurde eine große Menge Nüsse überall im Zimmer versteckt. Jetzt erhält jeder eine Tüte und soll in fünf Minuten möglichst viele Nüsse einsammeln. Wer die meisten findet, ist Sieger. Aber natürlich dürfen auch alle anderen ihre Nüsse behalten.

Gewürze riechen
Die Kinder sollen nun mit verbundenen Augen Gewürze an ihrem Geruch erkennen. Dazu bilden sie zwei Gruppen. Die erste Gruppe bekommt die Augen verbunden und muß nun nacheinan-

der an: Zimt, Pfeffer, Anis, Muskat, Nelken und Knoblauch riechen. Jedes Kind sagt, welches Gewürz es zu riechen glaubt. Die Antworten werden notiert. Dann ist die zweite Gruppe dran. Die Gruppe, die am Schluß die meisten richtigen Antworten gegeben hat, ist Sieger.

Nüsse fühlen

Alle Kinder sitzen einander am Tisch in zwei Reihen gegenüber. Die Hände werden unter den Tisch gestreckt. Nun gibt der Spielleiter dem ersten Spieler jeder Reihe eine Nuß, z.B. eine Walnuß, in die Hand. Nur durch Betasten soll herausgefunden werden, welche Nußart das ist. Der erste Spieler sagt, welche Nuß er zu fühlen glaubt und gibt die Nuß weiter.

Wenn sie das Ende der Reihe erreicht hat, kann jeder sehen, ob er richtig gefühlt hat. Die Reihe, die die meisten richtigen Antworten zu verzeichnen hatte, erhält einen Punkt. Dann folgen noch Erd-, Hasel- und Paranüsse. Das Erkennen ist übrigens schwerer, als es zunächst erscheint.

Was ist denn hier passiert?

Auf vorbereitete Tonpapierbogen (DIN-A4) schreiben wir mit großen Buchstaben Wörter auf, die anscheinend keinen Sinn ergeben. In Wirklichkeit handelt es sich um adventliche und weihnachtliche Begriffe, die möglichst schnell geraten werden sollen.

Hier einige Vorschläge: EPKIPRP (Krippe) – HROTS (Stroh) – EPPIRKRETTUF (Futterkrippe) – EIRHTN (Hirten) – INSEUJDKS (Jesuskind) – EZNKRE (Kerzen) – MCHUAVIBSTI (Christbaum).

Geschenk auspacken

Analog zu dem bekannten Spiel „Schokoladenessen“ müssen Sie kleine Geschenke (für jedes Kind) in einen großen Karton

legen, den Sie mit einem Stück Kordel verschnüren. Um diesen verschnürten Karton wird noch ein Bogen Packpapier gewickelt und mit Kordel verschnürt.
Nun beginnt das fröhliche Auspacken. Dazu brauchen Sie einen Hut, einen Schal, ein Paar Handschuhe, einen Würfel, Messer und Gabel. Das Geburtstagskind beginnt die Würfelrunde. Alle, die nun eine „Sechs“ würfeln, dürfen aktiv werden: Hut auf, Schal um, Handschuhe an, Messer und Gabel in die Hände und dann, ohne die Kordel aufzuschneiden, gilt es, das Paket zu öffnen. Die anderen Teilnehmer würfeln indessen weiter.
Bei der nächsten „Sechs“ wechselt der Auspacker oder die Auspackerin. Es dauert lange, bis endlich das Geheimnis gelüftet ist, und der Karton geöffnet werden kann.
Jetzt darf jeder, wenn er an der Reihe ist, d.h. wenn er eine „Sechs“ würfelt, sich ein Geschenk nehmen und scheidet damit aus. Vielleicht ergibt sich ein Gespräch über das Schenken und die Art, Geschenke liebevoll auszusuchen und zu verpacken. Viel Vergnügen!

Besinnlicher Ausklang
Wenn alle ihre Bratäpfel verzehren, klingt das Fest besinnlich aus. Vielleicht interessieren sich die Kinder für die Weihnachtsbräuche in anderen Ländern:
In *Frankreich* stopfen die Bauernkinder ihre Holzschuhe mit Heu aus. Das ist das Futter für die Kamele, auf denen die Heiligen Drei Könige reiten. Zu Weihnachten sind dann die Schuhe mit Süßigkeiten gefüllt.

Ähnlich ist es in *Spanien*. Dort werden die Schuhe auf den Balkon gestellt. Es sieht lustig aus, wenn man die Straße entlang sieht, und auf jedem Balkon stehen Kinderschuhe. An Weihnachten sind sie dann auch mit Süßigkeiten gefüllt.
In *Holland* wird Weihnachten sehr besinnlich gefeiert. Das eigentliche Familienfest ist Sinter-

klaas, unser Nikolausfest. Die Geschenke gibt es schon am Vorabend des Nikolaustages, also am 5. Dezember.
Wenn die Zeit es zuläßt, kann noch eine Weihnachtsgeschichte vorgelesen werden. Ein Beispiel finden Sie am Ende dieses Kapitels (unter dem Stichwort Vorlesegeschichte).

Speisevorschläge

Zur Kaffeezeit trinken die Kinder heiße Schokolade, und sie essen mit Butter und Marmelade oder

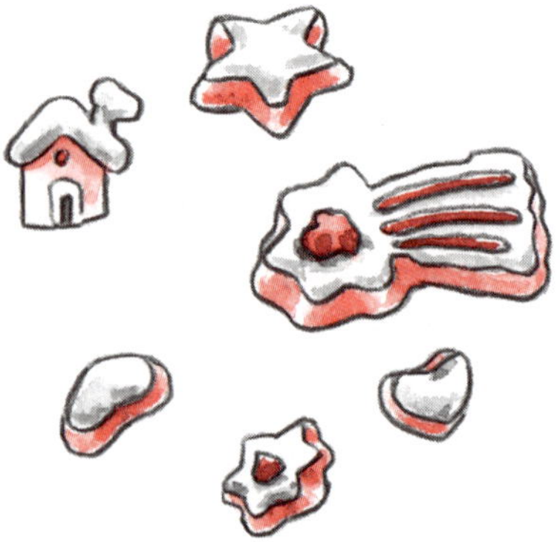

mit Nougatcreme bestrichene Honigkuchenschnitten. Die Weihnachtsplätzchen sind mit verschiedenen Gesichtern (Schokoladen- oder Zuckerguß), dekoriert, andere Plätzchen stechen Sie als weihnachtliche Motive aus und verzieren sie mit Hagelzucker.
Abends bieten wir Bratäpfel mit Vanillesoße an:
Äpfel ausstechen, mit Marmelade, Nüssen und Rosinen füllen. Als Abschluß der Füllung geröstete Mandeln. 15–20 Minuten in der Backröhre erhitzen, warm servieren. Dazu geben wir einen warmen Kinderpunsch: 1 1/2 l ungesüßter naturtrüber Apfelsaft, 300 g Zucker, 2 Zimtstangen, 2 Nelken, 2 unbehandelte Zitronen.

Geschenktips

- U. Barff und I. Burkhardt: Das 2. farbige Bastelbuch für Kinder, FALKEN Verlag.
- A. Barun und B. Wölfel: Das große Advents- und Weihnachtsbuch, Arena Verlag.
- Tabu Junior, MB Spiele (8–12 Jahre). Ein unterhaltsames Spiel, bei dem immer ein Spieler es schaffen muß, daß seine Mannschaft den Ratebegriff herausfindet, ohne daß der Spieler be-

stimmte Wörter benutzen darf, denn die sind tabu.

- Bastelset für Seidenmalerei
- Ein Gutschein für den Besuch des Weihnachtsmarktes.

Weitere Spiele: Pochbrett, Holzroulett, Barbarossa.

Geschichte

Kobo

Ja, am Heiligen Abend geschah das, was ich euch erzählen will, in einer Stadt hier bei uns in Deutschland.

Die Menschen waren am Nachmittag in die Kirche gegangen. Auf dem Weg nach Hause waren sie natürlich alle sehr aufgeregt, vor allem die Kinder. Jetzt sollte ja die Bescherung kommen. Es gab aber eine ganz andere Überraschung.

Überall in den Häusern war es das gleiche. Als nämlich der Vater in das Zimmer ging, um die Kerzen anzuzünden, saß da ein fremdes Kind. Und dieses fremde Kind sah ganz anders aus als die eigenen Kinder. Es hatte schwarze Haare, seine Haut war dunkel.

Fast alle Väter waren zuerst sprachlos und sagten dann beinahe die gleichen Worte: „Was machst du denn hier?" Aber nicht ein Vater bekam eine Antwort. In vielen tausend Wohnungen saßen die fremden Kinder stumm da und sahen die Männer mit großen Augen an, etwas ängstlich, bittend.

Danach holten die Väter ihre Frauen: „Else, komm doch einmal her", rief Herr Kurtau. „Die Kinder bleiben aber draußen. Draußen bleiben, habe ich gesagt. Friedo, kannst du nicht hören?" Herr Kurtau sagte gar nichts, sondern zeigte nur auf das Kind. Lange standen sie schweigend da. Dann sagte Frau Kurtau: „Oh, wie elend sieht der Junge aus!" Herr Kurtau aber sagte: „Ich rufe die Polizei an. Hier ist etwas nicht in Ordnung." Frau Kurtau war damit nicht ganz einverstanden: „Vielleicht besser den Arzt oder das Krankenhaus. Das Kind ist sicher krank. Es könnte ja sogar eine ansteckende Krankheit haben." „Willst du die Rechnung für den Arzt und das Krankenhaus bezahlen?" fragte Herr Kurtau.

Ja, so ähnlich ging es fast überall. Viele riefen tatsächlich bei der Polizei an. Bald wußte man bei der Polizei, daß es nicht nur ein Kind war, sondern Tausende. Was soll die Polizei am Heiligen Abend mit so vielen Kindern machen? Ärzte waren bald auch nicht mehr zu bekommen. Sie sagten nach der Untersuchung immer nur: „Das Kind ist unterernährt. Geben Sie ihm zu essen, dann wird es bald in Ordnung sein. Aber, bitte, zuerst leichte Kost."

So blieben die Kinder bei den Leuten. Leider waren viele sehr verärgert, sagten, das ganze Fest sei verdorben, und schimpften herum. Wie ging es bei Kurtaus weiter? Als die Eltern sich noch in erregtem Ton darüber unterhielten, was zu tun wäre, hatte Friedo – acht Jahre – seine Nase durch den Türspalt gesteckt und sah das fremde Kind. Er stieß einen lauten Schrei der Überraschung aus und rief sofort seine siebenjährige Schwester Luci. „Luci, Lucimaus, wir haben Besuch. Komm schnell einmal her."

Beide Kinder kamen ins Zimmer gerannt und hüpften vor Freude. Dann gingen sie etwas behutsamer auf das fremde Kind zu, das etwa genauso alt wie sie war.

Bei dem fremden Kind war eine Veränderung vor sich gegangen. Es strahlte. Friedo fragte das fremde Kind: „Wie heißt du?" Und weil das immer die erste Frage ist, wenn Kinder sich zum ersten Male sehen, gab das fremde Kind auch die richtige Antwort: „Kobo", sagte es. „Kobo, Kobo!!" schrien Friedo und Luci. Luci hatte noch nicht vergessen, daß die Kinder das Zimmer nicht betreten sollten. Sie wollte ja auch den Baum nicht sehen, ehe die Kerzen angezündet waren. „Komm, Kobo, wir müssen vor der Tür warten", sagte sie. Sie hielt Kobo die Hand hin, und Kobo stand tatsächlich auf. Alle drei liefen in den Flur, wo es eine lebhafte Unterhaltung gab.

Die Eltern hatten stumm und hilflos bei all dem zugesehen. „Was also nun?" fragte Herr Kurtau, „Polizei oder Krankenhaus?" „Kerzen anzünden", sagte die Mutter. Dabei sah sie ihren Mann mit einem sehr festen, aber auch sehr lieben Blick an. Herr Kurtau blieb nichts anderes übrig, als nach den Streichhölzern zu greifen. Die Mutter ging zu den Kindern, und als der Gong im Zimmer ertönte, stimmte sie mit ihnen an: „Ihr Kinderlein kommet.“ Dann gingen sie hinein, Kobo zwischen Friedo und Luci, dahinter die Mutter. So standen sie vor dem Baum und sangen die zweite Strophe. Und es schien, als sänge sogar Kobo mit. Während Herr Kurtau die Weihnachtsgeschichte vorlas, hatten die Kinder ihre Augen auf die Figuren im Stall gerichtet. Eine Figur fesselte sie dieses Mal besonders: der schwarze Kaspar. Friedo hatte große Mühe, das Ende der Geschichte abzuwarten, denn er hatte eine großartige Idee, als er den schwarzen Kaspar zwischen Melchior und Balthasar stehen sah: „Wir spielen ‚Die drei Könige‘“, platzte er heraus. Und er zeigte auf die drei Figuren und auf sich und die beiden anderen Kinder, so daß Kobo wußte, worum es ging.

Ich kann nicht alles erzählen, was sich noch zutrug bei Kurtaus. Nur von der Bescherung muß ich noch berichten. Es war nicht ganz einfach, aber sie waren alle so glücklich dabei wie nie zuvor. Es war bei Kurtaus so Sitte, daß man von Tisch zu Tisch ging und bei dem jüngsten Familienmitglied, also bei Luci, anfing.

Ohne daß irgendeine Absprache stattfand, wußte jeder von den Kurtaus, worauf es ankam. Man mußte mit dem ersten Blick auf den eigenen Gabentisch entscheiden, welche Geschenke man Kobo abgeben wollte. Kobo sollte nämlich nicht merken, daß für ihn gar nichts vorgesehen war. Er sollte den Eindruck haben, daß bestimmte Sachen von vornherein für ihn bestimmt waren. Luci machte es eigentlich am besten, obwohl sie es gar nicht leicht hatte. Sie sah auf ihren Tisch und griff ohne zu zögern zu einem Malblock und einer Schachtel mit Buntstiften: „Oh, das Christkind für Kobo!“ Nun hatte sie etwas Zeit gewonnen. Angestrengt sah sie sich um, was wohl noch für Kobo sein könnte. Da fiel ihr Blick auf einen wunderschönen Schal, den sicher die Mutter gestrickt hatte. Es war ihr besonderer Wunsch gewesen, einen ganz langen Schal zu besitzen, so lang, daß die beiden Enden über die Schultern weit herunterhingen, eines vorne und eines hinten. Aber jetzt hatte sie noch einen viel größeren Wunsch: noch etwas für Kobo zu finden. Entschlossen griff sie den Schal, wand ihn Kobo um den Hals und gab ihm noch einen Kuß. Dann sah sie sich die anderen Geschenke auf ihrem Tisch an.

Die anderen Kurtaus folgten nun dem Beispiel Lucis, als sie an der Reihe waren, ihre Geschenke zu besehen. Wie gesagt: Ich kann nicht alles ausführlich erzählen. Es waren herrliche Tage. Als sie am Neujahrsmorgen aufwachten, gab es allerdings wieder eine Überraschung: Kobo war verschwunden. Jetzt erst erinnerten sich Kurtaus daran, daß Kobo auf so geheimnisvolle Weise erschienen war. Sie erkundigten sich bei den Nachbarn und fanden ihre Vermutung bestätigt: Alle Kinder waren so plötzlich verschwunden, wie sie am Heiligen Abend dagesessen hatten. Manche atmeten auf und sagten: „Gott sei Dank!“

Aber Kurtaus und viele andere waren sehr traurig. Es gab eine kleine Nachüberraschung. Einige Tage später kam mit der Post ein Brief ohne Absender. Dieser Brief enthielt nur ein Wort: „Danke schön.“ Von wem war der wohl? Von Kobo? Der konnte ja nicht schreiben! Luci hatte die beste Erklärung: „Der Brief ist, glaube ich, vom Christkind.“ „Jesus hat uns einen Brief geschrieben“, bestätigte Friedo. Und das ist ja wirklich eine aufregende Sache, wenn man von Jesus einen Brief bekommt.

Noch ein letzter Schluß. In diesem Jahr hat Luci auf ihren Wunschzettel geschrieben:

„Einen Schal, wie Kobo ihn im letzten Jahr bekommen hat. Und bitte, laß Kobo wiederkommen.“

Friedo schreibt keine Wunschzettel mehr, ja, er lächelt darüber, wenn Luci das tut. Aber er hat doch zu Lucie gesagt, daß er diesen Wunsch voll und ganz billige.

Reinhard Köster

Das Rad der Zeit

Die schwierige Situation der Elf- bis Zwölfjährigen, die schon vor der Pubertät stehen, soll mit dem Thema dieser Geburtstagsvorschläge aufgegriffen werden. Das Rad der Zeit ist das Symbol für die Zeit, die sich fortbewegt, die die Kindheit hinter sich läßt und unaufhaltsam auf den nächsten Lebensabschnitt zurollt.

Einladung

Zunächst wird auf ein Blatt Papier im Format 16 x 16 cm das Rad der Zeit gezeichnet. Da die Zeichnung nachher zu einem Puzzle auseinandergeschnitten werden soll, können Sie die späteren Schnittlinien jetzt schon mit Bleistift vorzeichnen. Diese Vorlage wird für jede Einladungskarte einmal kopiert. Wer will, kann das Rad vor dem Auseinanderschneiden auch noch bunt bemalen.

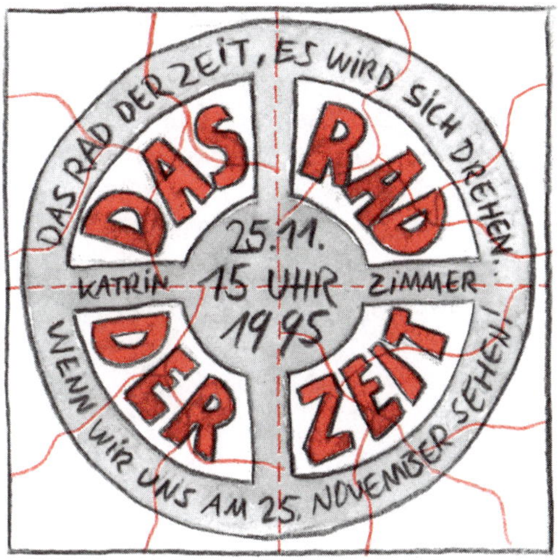

Das Puzzle wird auf dickeres Papier gemalt und kann beispielsweise an den gestrichelten Linien auseinandergeschnitten werden.

Ein Puzzle ist Teil der Einladungskarte. Das Puzzle wird separat beigelegt, und die Gäste müssen es in den vorgesehenen Rahmen kleben.

Die eigentliche Einladung wird auf ein DIN-A4-Blatt geschrieben. Oben bleibt Raum mit den Maßen 16 x 16 cm für einen Rahmen frei, wo das Puzzle aufgeklebt werden kann. Darunter steht der Text der Einladung.

Planung

Der Nachmittag beginnt mit einer Kaffeetafel. Der Spaß fängt schon an, wenn der erste Gast seinen in die Torte eingebackenen Zettel findet und nun etwas zur Unterhaltung der Tischrunde beitragen muß (siehe Kapitel Speisevorschläge).
Für die anschließende Spielrunde benötigen Sie, da sich die Kinder für viele Spiele schon zu „groß" fühlen, eine Menge Papier, Kugelschreiber, Blei- und Filzstifte, Scheren, Klebstoff, Lineal usw., außerdem vier Kartons. In jedem Karton sollten zwei Kinder hintereinander stehen können.
Wer ein Wettpuzzle veranstalten will, sollte sich zwei gleich große Poster oder Bilder besorgen und diese schon vor dem Fest zerschneiden. Die für diese Altersgruppe im Handel erhältlichen Puzzles haben in der Regel zu viele Teile, und sie lassen sich nur schwerlich im Zeitrahmen eines Spielnachmittags zusammensetzen.

Dekoration

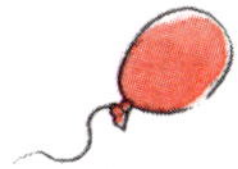

Die Geburtstagstorte, die in der Mitte der festlich gedeckten Tafel prangt, ist mit einer Uhr verziert.

Die Tischkarten bestehen diesmal aus zwei Teilen. Jedes Kind zieht zunächst einen Zettel, auf dem der Anfang eines Sprichwortes, das mit Zeit zu tun hat, vermerkt ist. Jetzt suchen die Geburtstagsgäste an der Tafel die dazugehörige Tischkarte, und bald hat jeder seinen Platz gefunden. Geeignete Sprichwörter finden Sie auf der nächsten Seite.

Eile ... mit Weile.
Eine Schwalbe macht ... noch keinen Sommer.
Morgenstund' ... hat Gold im Mund.
Wer zuerst kommt ... mahlt zuerst.
Gut Ding ... will Weile haben.
Die Zeit ... heilt alle Wunden.
Man soll den Tag nicht ... vor dem Abend loben.
Morgen, morgen, nur nicht heute ... sagen alle faulen Leute.
Zeit ist ... Geld.
Kommt Zeit ... kommt Rat.
Eins, zwei, drei im Sauseschritt ... eilt die Zeit, wir eilen mit.

Spielvorschläge

Zeitquiz

Zu dem Thema Zeit stellen Sie ein Quiz zusammen. Sie verteilen dazu für jeden Spieler Stift und Papier. Der Spielleiter liest die Fragen vor, und er gibt den Kindern etwa 20 Sekunden Zeit, damit sie die Antworten aufschreiben.

1. Frage:
Nenne möglichst viele Begriffe, mit denen Tages- oder Jahreszeiten benannt werden.
(Sommer, Abend, Lenz usw.)

2. Frage:
Was für Arten von Uhren gibt es? Zähle möglichst viele auf.
(Sonnenuhr, Standuhr, Eieruhr usw.)

3. Frage:
Nenne möglichst viele Begriffe, in denen das Wort Zeit in Zusammensetzung mit anderen Wörtern oder Buchstaben vorkommt.
(zeitig, Zeitansage, Zeitung usw.)

4. Frage:
Nenne möglichst viele Begriffe, die eine Zeitangabe darstellen.
(früh, spät, Sekunde, zeitig usw.)
Anschließend liest jeder seine Begriffe vor. Für jeden richtigen gibt es einen Punkt. Wer die meisten Punkte hat, ist Sieger.

Rätselraten

Die Kinder teilen sich – am besten durch Losen – in zwei Gruppen. Der Spielleiter liest ein Rätsel vor. Die Gruppenmitglieder

beraten sich über die Lösung. Sie müssen sich auf eine Lösung einigen. Die Gruppe, die richtig geraten hat, erhält 1 Punkt. Lösen beide Gruppen das Rätsel richtig, bekommt natürlich jede 1 Punkt.
Hier ein paar Rätselbeispiele:

1. Rätsel
Gar kunstvoll erschuf man ein Ding, das geht und wird auch getragen. Es weder Arme noch Hände empfing, kann aber – oh Wunder – doch schlagen.
(Uhr)

2. Rätsel
Vorwärts und rückwärts bedeutet's das gleiche,
daß nämlich das Wasser vom Strande weiche.
(Ebbe)

3. Rätsel
Es wiederholt sich jeden Tag,
solang die Erde bestehen mag.
Gestern wurde es erwartet,
jetzt ist's schon davongestartet;
in ihm wir gegenwärtig sind,
nun schnell das Wort rausfind!
(heute)

4. Rätsel
Kein Gold, kein Silber kann heller,
kein Vogel in Lüften kann schneller,
kein Pfeil durchdringender sein.
Verwahret die Fenster und Riegel,
ich breche nicht Schloß oder Siegel
und komme doch überall plötzlich hinein.
(das Licht)

5. Rätsel
Mich siehst Du nicht, doch fühlst Du mich.
Du weißt, daß ich stets bin um Dich.
Dein Leben kann ich Dir nicht geben,
doch kannst Du ohne mich nicht leben.
(Luft)

6. Rätsel
Wenn gestern am Mittwoch morgen war
und morgen am Samstag gestern war,
welcher Tag ist dann heute?
(Freitag)

Beispiele:

1. Gruppe

Was kann man alles in der Freizeit machen?

In welchen Sportarten geht es auch um Zeit?

Nenne möglichst viele Zeitwörter (Verben), die Bewegung ausdrücken.

Welche Tiere sieht man in der Nacht?

2. Gruppe

Was kann man alles in der Halbzeit/Pause machen?

Welche Rekorde lassen sich aufstellen?

Nenne möglichst viele Zeitwörter, die Ruhe ausdrücken.

Welche Tiere sieht man am Tag?

Flott, Flott

Die beiden Mannschaften setzen sich, jeweils in einer Reihe, einander gegenüber. Die Gruppen erhalten, immer abwechselnd, eine etwa gleich schwere Aufgabe.
Der erste der Reihe fängt an, dann kommt der nächste usw., bis die Reihe durch ist und wieder von vorne angefangen wird. Jeder Spieler muß ein Wort sagen, sonst geht die Kette nicht weiter.
Die jeweilige Gegenpartei ist – zusammen mit dem Spielleiter – die Jury. Jeder Durchgang dauert 15 Sekunden. Damit nicht immer derselbe Spieler anfängt, rücken alle nach jedem Durchgang einen Platz nach rechts. Der letzte, der seinen Platz ja verliert, setzt sich dann an die erste Stelle. Sieger ist die Gruppe, die die meisten Punkte sammeln kann. Jede richtige Lösung ist ein Punkt. Doppelnennungen werden nicht mitgezählt.

Wer kann die Zeit richtig einschätzen?

Jede Mannschaft bestimmt einen Spieler, der sie bei diesem Spiel vertreten soll. Aufgabe der Spieler ist es, den Raum von einer Zimmerwand zur anderen in möglichst exakt einer Minute zu durchqueren. Da die Spieler ihre Uhren vorher abgegeben haben, kommt es ganz auf ihr Zeitgefühl an, ob sie die Dauer einer Minute richtig einschätzen. Keiner darf zwischendurch stehenbleiben und die Zeit verstreichen lassen, sondern auf dem Weg von der einen Zimmerwand zur anderen muß sich immer bewegt werden. Keine ganz leichte Aufgabe. Sieger wird der Spieler, der der Zeitvorgabe am nächsten gekommen ist. Seine Mannschaft erhält 1 Punkt.

Guten Appetit!

Wieder werden zwei Spieler als Vertreter der Mannschaft bestimmt. Auf einem Tisch stehen zwei Teller mit je einem nicht zu großen Stück trockenen Kuchen. Diesen müssen die Spieler nun, ohne die Hände zu benutzen, möglichst schnell aufessen. Die siegreiche Mannschaft bekommt wieder 1 Punkt.

Kartoffelernte

Mit Hilfe von Stühlen wird eine Spielfläche abgegrenzt. Die Spieler der ersten Mannschaft bekommen die Augen verbunden. Inzwischen sind im Spielkreis etwa 30 Kartoffeln verteilt worden. Die Spieler haben die Aufgabe, möglichst viele von diesen Kartoffeln aufzulesen und in eine bestimmte Ecke zu bringen. Nach zwei Minuten werden die Rollen vertauscht, die Kartoffeln wieder verstreut (vorher die Beute der ersten Mannschaft zählen), und die zweite Gruppe versucht ihr Glück. Sieger ist, wer am meisten Kartoffeln in seinen Vorratskeller geschafft hat.

Ballstafette

Auch dieses Spiel wird als Staffel gespielt. Die Kinder stellen sich in zwei Reihen nebeneinander auf. Der jeweils erste Spieler erhält ein Glas mit einem Tischtennisball darin. Die Aufgabe lautet, den Ball aus dem Glas herausfallen zu lassen (nicht hochwerfen!) und ihn, bevor er die Erde berührt, wieder aufzufangen. Dann wird das Glas mit dem Ball an den nächsten Spieler weitergegeben usw. Fällt einem Spieler der Ball auf die Erde, muß er die Aufgabe wiederholen.

Gewonnen hat die Gruppe, die das Glas am schnellsten von Spieler zu Spieler weiterreichen konnte.

Das Groschenspiel

Die beiden Gruppen stellen zwei Stuhlreihen so nebeneinander, daß die Kinder hintereinander setzen. Jetzt streckt jeder seinen rechten Arm nach vorne und seinen linken Arm nach hinten aus und ergreift die Hände seines Vor- bzw. Hintermanns. (Natürlich haben der erste und der letzte Spieler jeweils eine Hand frei.)

Der Spielleiter setzt sich nun so zwischen die beiden Reihen, daß er von den beiden letzten Spielern gut gesehen werden kann. Er wirft einen Groschen hoch. Wenn die Zahl oben ist, drücken die beiden letzten Spieler ihrem Vordermann die Hand. (Dabei darf nicht gesprochen werden!) Dieses Zeichen läuft nun durch die Reihe. Ist es vorn angekommen, springt der erste Spieler auf, läuft zu seinem Tisch in der Mitte des Raumes und schlägt dort an. Die Gewinnergruppe rutscht dann einen Platz weiter nach vorn; der erste Spieler nimmt den letzten Platz ein. Gewonnen hat zum Schluß die Gruppe, die zuerst mit allen Spielern an der Reihe war. Wird in einer Gruppe „blinder Alarm" ausgelöst, darf die andere Gruppe einen Platz weiter nach vorn rücken.

Kistenlauf

Dieses Spiel wird als Staffel gespielt. Zunächst wird die Rennstrecke festgelegt und markiert. Immer zwei Spieler einer Gruppe bilden ein Team und treten gegen das gegnerische Team an.

Jedes Team erhält zwei Kartons, mit deren Hilfe sich die Spieler fortbewegen müssen. Das geht folgendermaßen: Beide Spieler

stellen sich hintereinander in den einen Karton und legen den nächsten vor sich auf die Erde. In diesen Karton steigen sie dann um und legen den hinteren, jetzt leeren Karton wieder nach vorne usw. Fällt einer der Spieler um oder tritt aus dem Karton heraus, muß er von vorne anfangen. Am Ziel warten dann schon die nächsten beiden Spieler der Mannschaft, um die Kartons auf die gleiche Weise an ihren Ausgangspunkt zurückzubringen.
Wenn jedes Team zweimal durch ist, ist Schluß. Sieger ist die schnellere Gruppe.

Wettpuzzle
Wer mag, kann zum Schluß der Gruppenwettkämpfe noch ein Wettpuzzlespiel veranstalten. Die Puzzles dafür müssen allerdings schon vorbereitet sein (siehe Kapitel Planung). Sieger wird die Gruppe, die ihr Puzzle am schnellsten zusammengesetzt hat.
Nun wird die siegreiche Gruppe anhand der bisherigen Ergebnisse bestimmt. Die Mitglieder dieser Gruppe dürfen sich zuerst unter den bereitgelegten Geschenken etwas Passendes aussuchen, dann die Verlierer.

Pantomime
Um die erhitzten Gemüter wieder etwas zu beruhigen, folgt jetzt eine Pantomime, d.h. ein Spiel, bei dem nicht gesprochen wird.

Unter dem Titel: „Ein Vormittag auf dem Markt“ werden verschiedene Begriffe, die mit Zeit zu tun haben, durchgespielt. Z.B. Eile, Langsamkeit, Geduld, Ungeduld, Langeweile usw. Die Zuschauer sollen dann jeweils raten, welcher Begriff dargestellt wird.

Wir machen eine Zeitung
Zum Abschluß des Nachmittags stellt die Geburtstagsrunde eine „Geburtstagszeitung“ her. Zunächst wird festgelegt, was die

Zeitung alles enthalten soll. Ganz wichtig ist

- ein Titel und
- ein Impressum, in dem jeder Zeitungsmacher erwähnt werden soll.

Welche Beiträge die Zeitung im einzelnen enthalten soll, bestimmen die Kinder in einer Redaktionskonferenz selbst. Allerdings sollte ein Zeitplan vorgegeben werden, damit das Ganze nicht zu lange dauert.

Eine Zeitung enthält Fotos, die (zum Kopieren) noch vor dem Druck mit einer Polaroidkamera angefertigt werden können. Auf ganz besonderes Leserinteresse stoßen Witze.

Und wie wäre es mit Annoncen, die sich mit den Teilnehmern befassen: Andreas sucht einen Schnelläufer, der sein Fahrrad an Bergen anschiebt. Laura sucht einen Stiefelknecht. Schließlich suchen wir einen Zeichner, der eine originelle Karikatur beisteuern kann.

Zur Herstellung der Zeitung brauchen die Gäste weißes Schreibmaschinenpapier, schwarze Filzschreiber (da das Original später für jeden Gast kopiert wird, sollte man auf einer schwarz/weiß Ausführung bestehen), Linienblätter, Lineal, Klebstoff und Scheren. Zusätzlich werden einige Zeitungen ausgelegt, aus denen die Kinder noch Anregungen entnehmen können. Die Eltern stehen als Fachberater zur Verfügung.

Mindestens zwei Teilnehmer werden zu Setzern ernannt. Sie schreiben die fertigen Beiträge ins reine. Ein paar Illustrationen und Fotos vervollständigen das Werk.

Speisevorschläge

Es gibt eine Schokoladentorte, deren Oberfläche mit einer Uhr verziert wird. Als besonderer Gag werden beim Füllen der Torte zusammengefaltete Zettel (Butter-

brotpapier) eingebacken. Auf den Zetteln steht für jeden Gast eine kleine Aufgabe, die zur Unterhaltung beiträgt, z.B.:

Singe ein Lied!

Sage ein Gedicht auf!

Ahme dein Lieblingstier nach!
Hol' Dir einen Kaugummi ab!
Fülle alle Tassen auf!
Spaß macht auch das Stopessen. Das Geburtstagskind darf als erster Spieler während des Essens „Stop" rufen. Alle müssen nun in der jeweiligen Haltung so lange verharren, bis der Rufer „weiter" ansagt. Reihum sind danach die anderen Kinder an der Reihe, „Stop" zu rufen.
Abends darf sich jeder seine Pizza zusammenstellen. Dazu benötigen wir vorbereitete Teigplatten. In kleinen Schüsseln bieten wir Champignons, Käse, Tomaten, Schinken, Salami, Ananas usw. an. Pizzagewürz sollte nicht vergessen werden. Erfrischend ist ein Obstsalat als Nachtisch, den man dekorativ in eine ausgehöhlte Melone gibt.

Geschenktips

- Ein Zeitschriftenabonnement für Pferdeliebhaber, z.B. Wendy oder Lissy.
- Ein schöner, lustiger Wecker.
- Stopuhr.
- Kalender.
- Taschenrechner.
- Bücher, z.B.
  W. Edmonds: Alles über die Zeit, Carlsen Verlag.
  Kunnas: Die Zeitungsmacher, Oetinger Verlag.

Eine kleine Ideensammlung

Natürlich sind mit diesen Vorschlägen keineswegs die Möglichkeiten erschöpft, spannende und ideenreiche Kinderfeste zu gestalten. Darum sollen hier noch einige Tips gegeben werden, welche weiteren Themen sich eignen.

Bei einem *Märchenfest* können Gestalten der Märchen lebendig werden.

Dem Kasper könnte eigens ein *Kasperlefest* gewidmet sein.

Zu ganz verrückten Ideen könnte es kommen bei einem *Astronautenfest*, das eine geheimnisvolle Welt beschwören müßte.

In die Vergangenheit entführt das *Ritterfest,* wobei die Ritterburg durch fremde Raubritter gefährdet wird.

Schauspielerische Talente werden im *Schattenspielfest* gefördert, bei dem es gilt, verkleidete Schönheiten und anderes Geheimnisvolles zu entdecken.

Beim *Mensch-ärgere-Dich-nicht-Fest* ist die ganze Welt auf den Kopf gestellt und verdreht.

Beim *Herbstfest* könnte es reizvoll sein, Drachen steigen zu lassen und später ein lustiges Kartoffelfeuer anzuzünden.

Ein *Bastelfest* wird es sein, wenn getöpfert wird. Alle werden staunen, was aus Ton zu formen und zu gestalten ist.

Theaterspielen kommt zum Zug beim *Pantomimenfest* oder beim *Theaterfest,* bei dem es sicher viel Spaß gibt und neue Talente gefördert werden.

Das große *Laternenfest* läßt die Herzen der Romantiker höher schlagen.

Geschickte Hände sind gefordert beim *Häuslefest.* Dabei können den Baumeistern sowohl Kartons als auch Bäume dienen.

Ein Kindergeburtstag kann zum *Familienfest* werden, wenn nicht nur die Mutter sich als „Maître de plaisier“ verdient macht, sondern Vater und Mutter, ältere und jüngere Geschwister sowie Opa und Oma sich an den Vorbereitungen und an der Gestaltung beteiligen.

Es sei ausdrücklich erwähnt, daß Alleinerziehende, aber auch berufstätige Elternpaare eine besondere Anerkennung verdienen, wenn sie sich nicht entmutigen lassen, ihrem Kind oder ihren Kindern eine schöne Geburtstagsfeier zu gestalten.

Soviel Aufwand für einen Tag?

Diese Frage stellen sich vielleicht manche Eltern, nachdem sie dieses Buch durchgeblättert haben. Wir wollen zunächst einmal diesen Seufzer mit der Bitte aufnehmen, keine Angst vor dem Kindergeburtstag zu haben.

Vielleicht wird manches ganz anders, einfacher, fröhlicher und unkomplizierter, als es sich zunächst liest. Aber zum Schluß bleiben die fröhlichen Kinderaugen, der ausgesprochene oder unausgesprochene Dank des Geburtstagskindes!

Wir haben unsere eigenen Kinder auf ihre Ehrentage angesprochen: „Woran erinnert ihr euch, wenn ihr an eure Geburtstage zurückdenkt?"

Die Antworten kamen prompt und überzeugend:

„Meine Geburtstage waren die Sensation bei meinen Schulkameraden!"

„Ich brauchte keine Angst zu haben, daß mein Geburtstag langweilig würde, weil die Eltern sich den ganzen Nachmittag Zeit dafür nahmen!"

„Die Spannung fing schon mit der Einladung an. Jedes Jahr gab es eine neue Idee!"

„Die Geburtstage prägten sehr die Gemeinschaft in meinem Freundeskreis!"

„Meine Freunde haben immer schon auf die Einladung gewartet, weil unsere Feste etwas Besonderes waren!"

„Ich erinnere mich besonders an die großen Kaffeetafeln und die Überraschungen, die es dabei gab, z.B. wenn die Aufgaben im Kuchen versteckt waren!"

„Es gab immer etwas zu raten, Aufgaben zu erfüllen oder gar, wie bei dem Dorfspiel, einen geheimnisvollen Fremden zu finden!"

„Noch lange gehörten die Geburtstage zum Pausengesprächsstoff!"

Genug der Antworten!

Wir sagen dankbar und froh: „Wirklich, es hat sich gelohnt! Es waren eben

Kindergeburtstage, die keiner vergißt!

Spieleregister

Köstlich kochen

Johann Lafers Kochschule
Von J. Lafer – 416 S., über 860 Farbfotos, gebunden
ISBN: 3-8068-**7372**-0
Preis: DM 69,90

Kochen lernen mit dem Profi. Diese Kochschule zeigt Ihnen, wo's in der Küche langgeht. Für Sie gibt der 2-Sterne-Koch hier sein Wissen gebündelt weiter und lässt sich gerne über die Schulter schauen.

Italienische Küche
Von M. Kaltenbach – 224 S., gebunden mit Schutzumschlag
ISBN: 3-8068-**4830**-0
Preis: DM 49,90

Entdecken Sie die kulinarische Vielfalt der Feinschmeckerregionen von Piemont bis Sizilien. Dieses Kochbuch verbindet Rezepte und Weinempfehlungen mit Wissenswertem zu Land und Leuten.

Amerikanische Küche
Von C. Stevenson, P. Niebergall – 128 S., gebunden mit Schutzumschlag
ISBN: 3-8068-**7308**-9
Preis: DM 39,90

So facettenreich wie das Land, so vielfältig ist auch die Küche. In diesem Kochbuch werden die einzelnen Regionalküchen der USA und deren Gerichte vorgestellt und alle Rezepte ausführlich beschrieben.

Die Küche Mallorcas
Von S. Kirsch – 96 S., kartoniert
ISBN: 3-8068-**2195**-X
Preis: DM 16,90

Die Insel Mallorca ist nicht nur ein beliebtes Ferienziel, sondern hat auch ihren besonderen kulinarischen Reiz. In diesem Band warten über 60 Originalrezepte darauf, ausprobiert zu werden.

Gewürzlexikon
Von U. Bültjer – 312 S., gebunden
ISBN: 3-8068-**4980**-3
Preis: DM 46,-

Eine unendlich große Auswahl an Würzzutaten aus der ganzen Welt steht uns heute zur Verfügung. Dieses Buch soll Sie mit dieser Vielzahl vertraut und sicher in der Anwendung machen.

Raclette
Von S. Kieslich – 64 S., kartoniert
ISBN: 3-8068-**1964**-5
Preis: DM 9,90

Wer gerne Freunde zum Essen einlädt, sich vorher aber nicht stundenlang um die Vorbereitung kümmern möchte, für den ist ein Raclette einfach ideal. Dieses Buch präsentiert Ihnen über 50 Rezepte für jeden Geschmack und ein Extrakapitel für köstliche Beilagen.

FALKEN

Stand der Preise: 1.6.1999. Änderungen vorbehalten

Der Widder und die Liebe
ISBN: 3-8068-**1901**-7
Die anderen Sternzeichen dieser Reihe:

1902-5	Stier
1903-3	Zwilling
1904-1	Krebs
1905-X	Löwe
1906-8	Jungfrau
1907-6	Waage
1908-4	Skorpion
1909-2	Schütze
1910-6	Steinbock
1911-4	Wassermann
1912-2	Fisch

Liebeshoroskope für Verliebte: Wer mehr über seinen Partner oder die Partnerin erfahren will, bekommt hier das Charakterbild der Erwählten analysiert und die Beziehungschancen dargestellt – einfühlsam, liebevoll und nicht mit astrologischen Begriffen überfrachtet.

Alle Bücher haben 80 Seiten, sind durchgehend vierfarbig, gebunden und kosten **DM 14,90**.

Liebes-Horoskop
Von W. Noé – 120 S., kartoniert
ISBN: 3-635-**60297**-3
Preis: DM 12,90

Die Sterne prägen die erotische Anziehung und sie können der Schlüssel zu tieferer Einsicht in Bezug auf sexuelle Bedürfnisse und Vorlieben sein. Dieser astrologische Ratgeber zeigt Ihnen den Weg zu einer befriedigenden und erfüllten Partnerschaft. Finden Sie heraus, bei welcher Sternzeichenkombination prickelnde Erotik sich von selbst einstellt und bei welcher mehr Verständnis und Toleranz nötig sind.

Der immerwährende Kalender der Mondkraft
Von S. Heideweg – 160 S., kartoniert
ISBN: 3-635-**60301**-5
Preis: DM 14,90

Die Kraft des Mondes wirkt und hilft. Wie Sie davon im täglichen Leben am besten profitieren, verrät Ihnen dieser Ratgeber.

Kraft der Sonne, Kraft des Mondes
Von S. Heideweg – 208 S., kartoniert
ISBN: 3-635-**68009**-5
Preis: DM 29,90

Im Einklang mit Sonne und Mond leben – Dieser astrologische Ratgeber bietet eine umfassende Orientierungshilfe für die Zeitplanung mit den kosmischen Kräften im Alltag.

Chinesisches Horoskop
Von G. Haddenbach – 88 S., kartoniert
ISBN: 3-635-**60006**-7
Preis: DM 9,90

Im uralten chinesischen Horoskop steht jedes Jahr unter dem Zeichen eines von insgesamt 12 Tieren, die Charakter und Schicksal des Menschen beeinflussen.
In diesem Buch finden Sie Antworten zu Charakter, Liebe und Schicksal.

Astrologie und Gesundheit
Von J. Rachlitz – 140 S., kartoniert
ISBN: 3-635-**60194**-2
Preis: DM 14,90

Mit diesem Ratgeber wecken Sie Ihre Selbstheilungskräfte. Erfahren Sie, was das persönliche Horoskop über Ihre psychische und körperliche Disposition aussagt und wie Sie Krankheiten als Chancen zur Kurskorrektur erkennen.

Stand der Preise: 1.6.1999. Änderungen vorbehalten

Korrespondenz und Rhetorik

Der moderne Brief
Von G. Reinert-Schneider – 112 S., kartoniert
ISBN: 3-8068-**1440**-6
Preis: DM 14,90

Langweilige Pflichtbriefe an die Verwandtschaft müssen ebensowenig sein wie schwer verständliche Geschäftsbriefe im Beamtendeutsch. Dieser Ratgeber vermittelt das nötige Rüstzeug für wirkungsvolle Briefe, die beim Empfänger gut ankommen.

Der erfolgreiche Geschäftsbrief
Von G. Reinert-Schneider – 256 S., kartoniert
ISBN: 3-8068-**2074**-0
Preis: DM 29,90

Schriftliche Kommunikation hat großen Einfluss auf die Beziehung zu Kunden und Lieferanten, Kollegen und Mitarbeitern. Je empfängerorientierter ein Schreiben ist, desto größer sind die Chancen, dass der Verfasser erreicht, was er möchte.

Briefe und Reden für den Trauerfall
Von U. Wetter – 112 S., kartoniert
ISBN: 3-8068-**1789**-8
Preis: DM 16,90

Manche Kondolenz bleibt ungeschrieben, manche Grabrede ungehalten, denn es fällt schwer, auf individuelles Unglück und persönliche Trauer mit den richtigen Worten zu reagieren. Allen, die für Beileidsbekundung Anregungen suchen, ist dieser Band eine verlässliche Orientierung.

Moderne Rhetorik
Von D. Felbinger – 104 S., kartoniert
ISBN: 3-8068-**1897**-5
Preis: DM 19,90

Ein rhetorisch gewandter, wirkungsvoller Auftritt ist die Summe aus sicherem Sprachempfinden, bewusst eingesetzter Körpersprache und persönlicher Ausstrahlung. Dieser Grundlagenband macht den Leser mit den Bereichen und Instrumenten der Rhetorik vertraut.

Modernes Redetraining
Von R. Brehler – 120 S., kartoniert
ISBN: 3-8068-**1575**-5
Preis: DM 19,90

Dieser Ratgeber für fast alle privaten, öffentlichen und beruflichen Redeanlässe beschreibt nicht nur das Rüstzeug eines jeden Redners, sondern auch die Vielzahl begleitender Faktoren einer wirkungsvollen Rede wie Artikulation, Blickkontakt, Gestik, Mimik, Körpersprache, Manuskriptvorbereitung, räumliche Gegebenheiten usw.

Das letzte Wort behalten
Von R. Allen – 144 S., kartoniert
ISBN: 3-635-**60456**-9
Preis: DM 16,90

Obwohl kaum einer gerne streitet, sind die meisten von uns häufig in verschiedenste Streitigkeiten verwickelt. Allen denjenigen, die dabei häufiger als „Verlierer" vom Feld gehen, soll dieses Buch helfen.

Stand der Preise: 1.6.1999. Änderungen vorbehalten

Die neue Rückenschule
Von K. Haak – 64 S., kartoniert
ISBN: 3-8068-**2146**-1
Preis: DM 16,90

Die Zahl der Menschen, die von Rückenschmerzen betroffen sind, ist sehr groß. Die „neue Rückenschule" bietet Ihnen ein ganzheitliches Konzept, mit dem Sie Rückenschmerzen wirkungsvoll begegnen und die verschiedenen Ursachen bekämpfen können.

Rheuma
Von Prof. Dr. med. K. Gräfenstein – 128 S., kartoniert
ISBN: 3-8068-**2000**-7
Preis: DM 19,90

Aktiv gegen die Erkrankung angehen anstatt zu resignieren ist die Devise. Dieser Ratgeber enthält eine Vielzahl von Anregungen zur Selbsthilfe mit erprobten rheumagymnastischen Übungen und Hilfsmitteln.

Traditionelle Chinesische Medizin
Von D. Accolla, P. Yates – 368 S., gebunden
ISBN: 3-8068-**7381**-X
Preis: DM 49,90

Harmonie, Ganzheit und Gleichgewicht sind die Schlüsselbegriffe der Traditionellen Chinesischen Medizin. Dieser Ratgeber informiert Sie umfassend über das Verständnis von Krankheiten aus fernöstlicher Sicht, Mittel und Wege, Krankheiten zu vermeiden und die Möglichkeiten der Selbstbehandlung.

Heilen und vorbeugen mit Wein
Von Dr. med. F.-A. Graf v. Ingelheim, I. Swoboda – 96 S., kartoniert
ISBN: 3-635-**60311**-2
Preis: DM 14,90

Im Wein ist Gesundheit! Das wussten schon die alten Griechen. Auch Wissenschaftler haben die lebensverlängernde und vorbeugende Wirkung des Rebensaftes bewiesen. Dieser Ratgeber fasst die Anwendungen und Wirkungen der wohlschmeckenden Medizin zusammen.

Autogenes Training
Von R. Faller – 110 S., kartoniert
ISBN: 3-635-**60009**-1
Preis: DM 9,90

Durch autogenes Training haben bereits Millionen Menschen zu mehr Lebensfreude und Selbstsicherheit gefunden. Die Übungen in diesem Buch führen stufenweise zur positiven Beeinflussung der seelischen Haltung und zu völliger Entspannung.

Was bedeuten Ihre Laborwerte?
Von Dr. med. M. G. Baer – 80 S., kartoniert
ISBN: 3-635-**60476**-3
Preis: DM 9,90

Dieser Ratgeber macht Sie zum kompetenten Gesprächspartner Ihres Arztes. Medizinische Fachterminologien und Erläuterungen aller wichtigen Untersuchungen werden präzise und verständlich erklärt, damit Sie die Ergebnisse besser verstehen und hinterfragen können.